ALWIN RENKER

Propheten

ALWIN RENKER

Propheten – das Gewissen Israels

Anregungen für Unterricht und Verkündigung

Herder
Freiburg · Basel · Wien

Bildquellennachweis:

11: Neue Schulbibel, S. 120, Freiburg 1973 –
15: d.p.a/Warttenberg –
29, 30, 31: H. P. Winkler, H. O. Nübel, Pädagogisch-theologisches Zentrum, Stuttgart –
48: nach: G. Cornfeld, Von Adam bis Daniel, Seite 400, Würzburg 1962 –
59: O. Keel, aus: Die Welt der altorientalischen Bildsymbolik und das Alte Testament, Zürich 1972 –
65: vgl. M. Magnusson, Auf den Spuren der Bibel, S. 180, München 1978 –
83: nach: G. Cornfeld, von Adam bis Daniel, S. 459, Würzburg 1962 –
84: nach: L. H. Grollenberg, Bildatlas zur Bibel, S. 48, Gütersloh 1958 –
97: aus: Bible et Terre Sainte, Nr. 150, S. 13 (1973) –
88: nach: L. H. Grollenberg, Bildatlas zur Bibel, S. 84, Gütersloh 1958 –
113: Stender Verlagservice, Stuttgart –
116: nach: H. Reevers, Wunder Universum, S. 108, Basel/Boston/Stuttgart 1986.

Umschlagbild: *Der Prophet* von Richard Seewald

Satz: Leingärtner, Nabburg
Herstellung: Freiburger Graphische Betriebe 1990
ISBN 3-451-21841-0

Inhalt

DER PROPHET AMOS

DER PROPHET HOSEA

DER PROPHET JESAJA

DER PROPHET JEREMIA

DER PROPHET DEUTEROJESAJA

Einführung

Dieses Buch vereinigt fünf Hinführungen zu den altisraelitischen Propheten Amos, Hosea, Jesaja, Jeremia und Deuterojesaja, d.h. eine Zeit der Propheten über 200 Jahre, von der Mitte des 8. Jh. bis zur Mitte des 6. Jh. v. Chr. Ursprünglich waren die fünf Teile selbständig. Da nur wenige geringfügige Änderungen für den jetzigen Text vorgenommen wurden, lassen sich die einzelnen Abhandlungen auch jeweils für sich lesen. Das bringt den Vorteil, daß eilige Leser in kurzer Zeit sich einen Überblick über den betreffenden Propheten und seine Zeit verschaffen können, ohne das ganze Buch durchlesen zu müssen.

Besonders die Religionslehrerschaft, die entsprechend dem Lehrplan über den Stoff verfügen muß, hat dieses Verfahren dankbar angenommen. Wer sich einen Gesamteindruck verschaffen will, nimmt gewiß da und dort die eine oder andere kurze Wiederholung in Kauf.

Besonderer Wert wurde bei der Erarbeitung eines „Prophetenprofils" und der Hauptgesichtspunkte seiner Verkündigung auf die Einbettung des Geschehens in die damaligen religiösen und politischen Zeitverhältnisse gelegt. Vieles wurde dabei den außerbiblischen Quellen der altorientalischen Religions- und Zeitgeschichte entnommen und ist von dorther gesichert.

Manches mußte auch mehr oder weniger erschlossen und als wahrscheinlich zutreffend dargestellt werden. Die insgesamt didaktische Aufbereitung soll „Appetit" machen auf weitere, eingehendere Beschäftigung mit der jeweiligen Ganzschrift eines Prophetenbuchs und mit größeren Kommentaren. Bibelkreise werden gewiß gerne zu diesen *Anleitungen* zum Studium der Propheten greifen. Die bleibende Aktualität der Botschaft der Propheten, von denen freilich nur eine Auswahl getroffen werden konnte, ist gerade in unseren Tagen erneut zum Vorschein gekommen. Nicht erst seit den Oktobertagen 1989 und seit dem Fall der Mauer am 9. Nov. 1989 demonstrieren Hunderttausende in den totalitären Regimen des Ostblocks für echte Freiheit, für Gerechtigkeit und Menschenwürde.

Der innere Protest gegen die Unterdrükkung von Menschenrechten reicht viel weiter zurück. Keine Gesellschaft, auch nicht die der sog. freien westlichen Welt, darf sich im Erfolg sonnen, ein gerechtes und menschenwürdiges Leben für alle erreicht zu haben.

Es waren aber besonders die Friedensgruppen hinter dem Eisernen Vorhang der östlichen Welt, die sich unter Einsatz ihrer persönlichen Freiheit und manchmal buchstäblich unter Einsatz ihres Lebens zu den prophetischen Worten vom „Umschmieden der Schwerter zu Pflugscharen" (Mi 4,3 = Jes 2,4) bekannten und so überhaupt die geistigen und politischen Voraussetzungen zu den folgenden Umbrüchen schufen.

Wer dem Welt und Mensch zugewandten Gottesgeist nachspüren will, der findet hoffentlich in der Botschaft der Propheten jenen Gewissensanruf, in dem sich der Schöpfer der Welt seinem Geschöpf, dem Menschen, in Freiheit mitteilt.

DER PROPHET AMOS

Wie kam Amos unter die Propheten?

Auftritte der Propheten in der Geschichte des Volkes Israel

Der Viehzüchter und Maulbeerfeigenzüchter Amos aus Tekoa im Süden des Landes Palästina und damit im Staat Juda trat als Prophet im Nordreich Israel auf. Das Staatsgebilde Israel umfaßte den Mittelteil und den ganzen Norden von Palästina.
Es war bekanntlich nach 931 v. Chr. entstanden durch das Auseinanderbrechen des ehemaligen Großreiches des David und des Salomo unter Rehabeam in den kleineren Südteil Juda mit der Hauptstadt Jerusalem und in den größeren Nordteil Israel mit der Hauptstadt Samaria. Der Nordteil Israel gab sich damals einen eigenen König, Jerobeam I. Auf diesem Königsthron saßen in der Folge, d.h. in den 200 Jahren von Jerobeam I. zu Jerobeam II. (782-747 v. Chr.) 13 Herrscher.
Jerobeam II. war König von Israel zur Zeit, als der Prophet Amos auftrat. Wir werden später noch im einzelnen sehen, daß diese Jahre unter Jerobeam II. eine Zeit wirtschaftlicher Blüte waren, in der sich besonders die wohlhabenden Leute im Lande fast alles leisten konnten, was das Herz begehrte. Gleichzeitig trug aber dieser Luxus die Keime übler Fäulnis und Verderbnis des sittlichen und religiösen Lebens der Israeliten in sich. Das Volk der Israeliten, wir würden heute mit einem modernen Ausdruck sagen, die Gesellschaft, spaltete sich immer mehr auf in reiche Leute, die immer reicher wurden auf Kosten der Armen, die immer ärmer wurden – eine Entwicklung, die uns von unserer heutigen Welt sehr wohl bekannt ist. Dieser Entwicklung traten die Propheten entgegen.
Man kann sich wirklich einmal die Frage stellen, ob es für Propheten – um es in einem Bild zu sagen – menschlich gesprochen günstige Zeiten gibt, wo Propheten gleichsam wie Pilze aus dem Boden schießen. Das ist natürlich menschlich gesprochen.

König Saul unter den Propheten

Tatsächlich muß man feststellen, daß es wie in der Umwelt des Volkes Israel, so auch in Israel selbst nie an Propheten gefehlt hat. Schon im Reich des Königs Saul und des Königs David finden sich Propheten, und nach einem Sprichwort war König Saul einmal selbst unter die Propheten gegangen:

„Der Geist Gottes kam über Saul, und Saul geriet unter ihnen (d.h. den Propheten) in prophetische Verzückung. Alle, die ihn (= Saul) von früher kannten, sahen, wie er zusammen mit den Propheten in Verzückung war. Die Leute sagten zueinander: Was ist denn mit dem Sohn des Kisch geschehen? Ist auch Saul unter den Propheten?“ (1 Sam 10,10f.)

Wir verstehen diese Überlieferungen wenigstens soweit, daß wir erkennen, wie das Volk Israel mit der größten Selbstverständlichkeit annahm, daß Gottes Geist jeden Menschen und sogar den König Saul erfassen konnte.
Irgendwie mußte er sich aber „anstecken“ lassen, mit anderen Worten, er mußte sich Männern oder Frauen zugesellen, die prophetische Erfahrungen machten, was immer das heißt. Auf der anderen Seite waren es geradezu die Herausforderungen des Lebens einzelner Menschen und eines ganzen Volkes, die nach einem Propheten riefen.

Die Orakel im Altertum

Wir wissen, daß durch das ganze Altertum hindurch bei allen möglichen Gelegenheiten die Orakel erfragt wurden, und wir kennen z.B. das begehrte und zugleich gefürchtete Orakel und die Priesterschaft von Delphi in Griechenland.
Die Delphi-Priester, die dem Lydierkönig Krösus den Bescheid erteilten, daß er gegen die Meder in den Krieg ziehend, „ein großes Reich“ vernichten werde, hatten Krösus nicht gesagt, daß er sein eigenes Reich vernichtet. So blieb bei allem „Bescheid ertei-

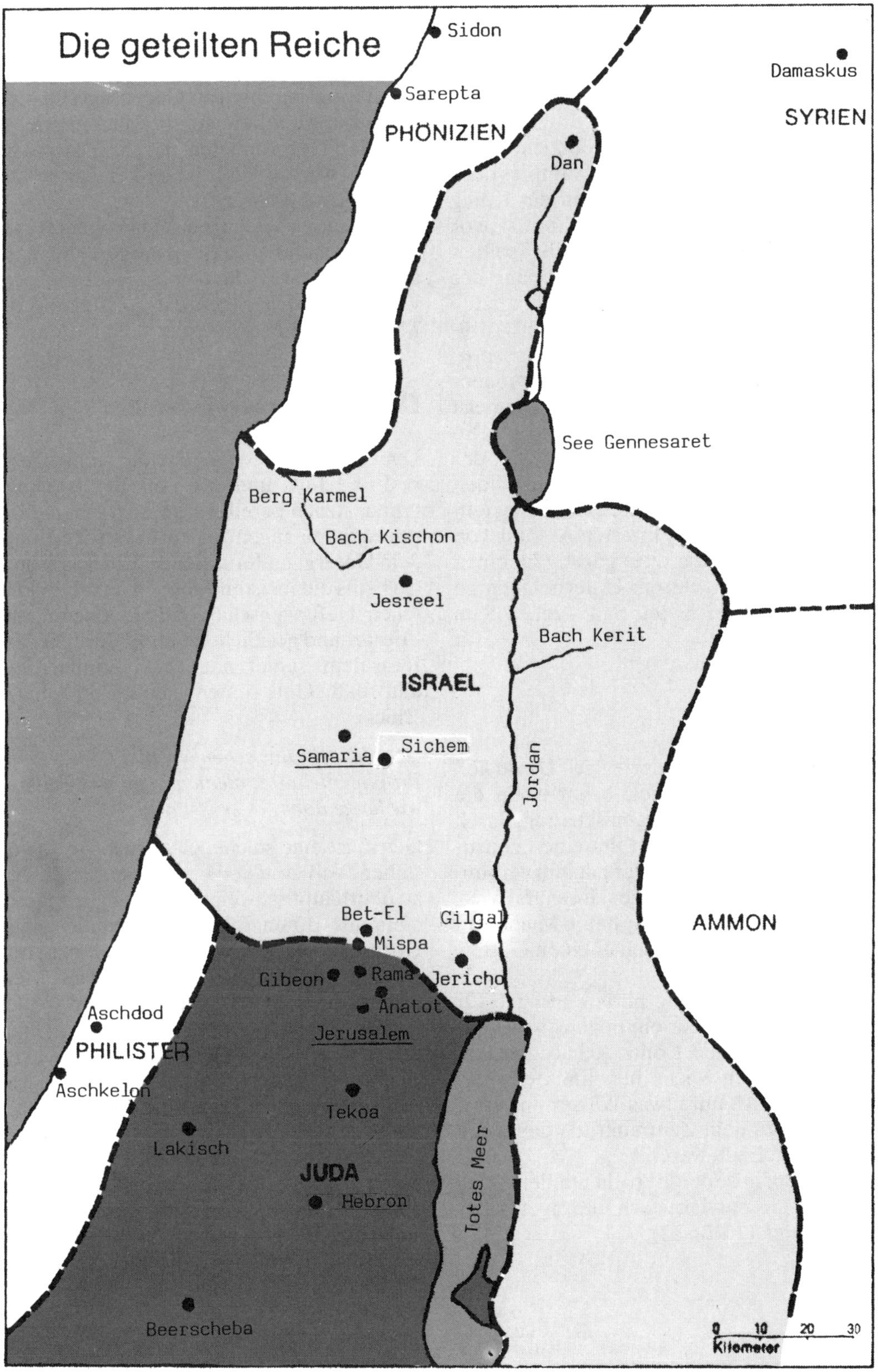

Die geteilten Reiche
Sidon
Damaskus
Sarepta
SYRIEN
PHÖNIZIEN
Dan
See Gennesaret
Berg Karmel
Bach Kischon
Jesreel
Bach Kerit
ISRAEL
Sichem
Samaria
Jordan
Bet-El
Gilgal
AMMON
Mispa
Gibeon
Rama
Jericho
Anatot
Aschdod
Jerusalem
PHILISTER
Aschkelon
Tekoa
Lakisch
JUDA
Totes Meer
Hebron
Beerscheba
0 10 20 30
Kilometer

len“ und „Wahrsagen“ noch vieles offen, doch die Menschen verzichteten nicht darauf, hinter die Geheimnisse ihres künftigen Lebens zu kommen, damals nicht wie heute nicht, koste es, was es wolle.
Es war aber nichts Außergewöhnliches, daß zu Beginn eines Verteidigungskampfes oder allgemein eines Krieges, in den ein König und seine Soldaten ziehen wollten, zuvor den Göttern geopfert wurde. Dabei sollten die Propeten einen günstigen Ausgang des Unternehmens von der Gottheit erfragen.
Könige wie überhaupt Heerführer, ja Anführer von Aufständischen, modern gesprochen, von Partisanen oder Guerillatruppen, hielten sich ein Orakel (Ephod), das zumeist von einem Orakelpriester bedient wurde. So erfragte seinerzeit David, als er auf der Flucht vor König Saul war und einen wilden Haufen von untergetauchten Leuten befehligte, Gott durch den Priester Abjatar von Nob. Das Orakel war nicht günstig für einen Kampf. David brach sein Unternehmen ab und entkam dem König Saul (vgl. 1 Sam 23,9-13).

Micha ben Jimla

Mehr als zwei Jahrhunderte nach David ließ König Achab von Israel, bevor er in die Schlacht gegen Syrien/Damaskus zog, durch seine Hofpropheten Gott um einen günstigen Bescheid befragen. Der mit ihm verbündete König des Südreiches Joschafat riet, doch auch den Jahwe-Propheten Micha ben Jimla zu holen, damit auch er einen Gottesbescheid gebe.
Micha kam widerwillig herbei und gab für den König Achab nur ein ungünstiges Orakel. Daraufhin ließ König Achab den Unglückspropheten Micha ben Jimla einsperren, ihm täglich nur etwas Wasser und Brot geben, bis zu dem Zeitpunkt, da der Krieg siegreich zu Ende wäre.
Achab hatte in der Folge nicht nur den Krieg gegen Syrien, sondern auch sein eigenes Leben verloren (1 Kön 22).

Propheten in Opposition

Die Tatsache, daß sich ein Prophet mit seinem Gottesbescheid im Gegensatz (Opposition) zur Mehrheit der Propheten wie im Fall der Hofpropheten des Königs Achab befand, war im Volk Israel keineswegs auf Einzelfälle beschränkt.
Wir können von den meisten Propheten, deren Botschaft in der Bibel aufgezeichnet ist, sagen, daß sie solche Oppositionspropheten waren, die sich gegen die Auffassung der Mehrheit der Propheten gestellt hatten.

Das Gottesorakel in Israel

Dabei muß man sehen, daß die Könige in Israel und Juda und das Volk der Israeliten grundsätzlich bereit waren, sich einem Gottesorakel zu fügen. Noch in der Zeit nach dem Untergang Jerusalems, d.h. nach 586 v. Chr., als die meisten Juden in der Babylonischen Gefangenschaft saßen, klagten ihre Priester und geistlichen Führer darüber, daß Jerusalem immer noch in Trümmer liege und daß Gott ihnen keinen Propheten schicke.

„Zeichen für uns sehen wir nicht, es ist kein Prophet mehr da, niemand von uns weiß, wie lange noch.“ (Ps 74,9)

Gewiß ist eine solche Klage nicht so zu verstehen, daß Gott von einer bestimmten Zeit ab überhaupt schweigt und keine Propheten mehr als Boten seiner Vorsehung zuläßt. Doch kann es sehr wohl sein, daß bei Hungerkatastrophen und in Kriegsnot die Menschen von sich aus eher nach dem Willen Gottes fragen und sozusagen im eigenen Interesse wissen wollen, wie lange das Unglück noch dauert. Solche Situationen waren wie überall auch im Volk Israel gekennzeichnet durch Klagefeiern (vgl. die Pss 44; 83 u.a.), durch allgemeines Fasten und durch Bußakte, bei denen buchstäblich jedermann, angefangen vom König bis zum einfachen Bürger, in Sack und Asche ging, wie uns die berühmte Beispielerzählung des Büchleins Jona von der Buße der Niniviten berichtet.

„Hörer göttlicher Rede" (Holzschnitt von Wilhelm Groß)

Die Berufung des Amos zum Propheten

In Friedenszeiten und in Zeiten wirtschaftlicher Blüte entwickeln erfahrungsgemäß die Menschen weniger Aktivitäten und Interesse, den Willen Gottes zu erkennen. Wenn alles gut geht, so meint man, ist auch alles in Ordnung, jedermann lebt glücklich und zufrieden. In der Zeit des Amos, in der Mitte des 8. Jh. v. Chr., war im Nordreich Israel nur noch der Schein des Glücks und der Zufriedenheit aller zu finden. In Wirklichkeit waren nicht mehr bloß unter der Decke des Wohlstands, sondern ganz offen die bereits kurz erwähnten Mißstände ausgebrochen, daß Menschen auf Kosten ihrer Mitmenschen ihren Profit machten und sich durch Unrecht bereicherten, daß sie ein Wohlleben führten, wobei sie andere vorher in Armut, Unglück und Unfreiheit brachten. Diese Zustände waren von Gott nicht gewollt.

In den *Zehn Geboten* hatte Israel von seinem Gott Jahwe eine Freiheitsordnung geschenkt bekommen, die es ermöglichte, daß Menschen nicht wie Sklaven unter der Herrschaft von Menschen, sondern wie Brüder und Schwestern in der Menschenfamilie lebten. Die Priester und Gottesmänner an den Heiligtümern des Landes, und dies gilt besonders für die Reichsheiligtümer Bet-El und Dan, die seit Jerobeam I. die Zentren der Jahwe-Verehrung im Nordreich waren, wußten zwar, daß sie die Gottesordnung der Zehn Gebote dem Volk einzuprägen hatten. Aber es scheint, daß auch in der Priesterschaft Mißstände eingerissen waren und die Gottesmänner nicht als Wächter über die Gottesordnung auftraten, sondern mehr auf den Rang und das Ansehen der Person achteten und vieles durchließen, was sie im Namen Gottes hätten scharf anklagen müssen. Nach allem, was wir von Amos wissen, ist er als Ersatz sozusagen hier in die Bresche gesprungen und hat schonungslos die Aufgabe übernommen, die eigentlich den Wächtern und Wahrern der Gottesweisung am Heiligtum Jahwes aufgetragen ist.

„Ich bin kein Prophet und kein Prophetenschüler“,

sagt Amos, als ihn der Oberpriester Amazja bei einem Auftritt in Bet-El, dem Reichsheiligtum des Königs Jerobeam II., zurechtweisen will,

„sondern ich bin ein Viehzüchter, und ich ziehe Maulbeerfeigen. Aber der Herr hat mich von meiner Herde weggeholt und zu mir gesagt: Geh und rede als Prophet zu meinem Volk Israel!“ (Am 7,14-15)

Damit ist klar gesagt, woher Amos seinen Auftrag hat. Wir nennen ein solches Bekenntnis ein Selbstbekenntnis. Es gibt also neben den Prophetengilden in Israel und neben der offiziellen Priesterschaft, in deren Reihen man gewiß nur durch längere Anwartschaft als Prophetenschüler bzw. als Sohn eines Priesters kam, auch spontane Erweckungen von Einzelgängern, die den Prophetenberuf ergriffen und prophezeiten, obwohl sie nicht von der Prophetenzunft waren.

Bei Amos hat man vermutet, daß sein Selbstzeugnis (vgl. Am 7,10-17), er sei kein Prophet und kein Prophetenschüler, genauer verstanden werden müßte, er sei kein gewöhnlicher Prophet, was auch heißen kann, daß Amos nicht zu der Zunft der Propheten gehört und sagen will, daß Amos kein Hofprophet ist, der am Reichsheiligtum lebt und dort seinen Unterhalt bekommt.

Die Sprache und die Gedankenwelt des Propheten Amos

Wer in der Bibel z.B. die Josefsgeschichte oder die Geschichte des Auszugs der Israeliten aus Ägypten zu lesen gewöhnt ist, wird bei den wenigen Kapiteln und den knappen Versen des Amosbuches eher enttäuscht sein.
Bei den Geschichtsbüchern der Bibel ist verständlich und zumeist spannend geschildert, wie die gemeinten Ereignisse und Begebenheiten sich zutrugen. In einem Prophetenbuch der Bibel sucht man vergeblich, was in den Geschichtsbüchern der Bibel selbstverständlich mit Rücksicht auf den Hörer und Leser der Hl. Schrift formuliert ist: wie es zu diesem oder jenem Ereignis kam, wie die ganze Sache zu einem Problem wurde und wie schließlich die Lösung des Problems sich anbahnt, so z.B. wird Josef von seinen Brüdern gehaßt und bei nächstbester Gelegenheit aus ihrer Welt geschafft, d.h. ins Ausland nach Ägypten als Sklave verkauft.
Als die Brüder Josefs viele Jahre später ebenfalls unfreiwillig nach Ägypten kommen, um sich und ihre Familien vom Hungertod zu retten, hatte das Schicksal den Spieß umgedreht.
Josef ist inzwischen derjenige, der wie seinerzeit die Brüder *sein* Leben nun *ihr* Leben in der Hand hat. Doch Josef rächt sich nicht für das begangene Unrecht, sondern wendet alles zum Guten und läßt seinen alten Vater mit allen seinen Söhnen nach Ägypten kommen und sich dort ansiedeln.

Die Eigenart der prophetischen Sprache

Bei einem Prophetenbuch sind solche zusammenhängende Darstellungen nicht zu finden. Die prophetische Sprache und Gedankenwelt bedient sich nicht der Textsorte Erzählung oder Schilderung, sondern gehört der Form nach ins Reich der Werbesprache und der Slogans. Bei solchen zumeist kurzen Aussprüchen und Sätzen ist es nur natürlich, daß man sich das ganze Drumherum selbst vorstellen und dazudenken

Polizeieinsatz bei einer Friedensdemonstration

Versuch einer Rekonstruktion des Salomonischen Tempels durch G.E. Wright und W.F. Albright. Die Tempel in den Reichsheiligtümern Bet-El und Dan dürften als „Konkurrenz" zum Tempel in Jerusalm ähnlich wie dieser ausgesehen haben.

muß. Was schließlich als Ergebnis, Fazit usw., als „Moral von der Geschichte" dasteht, ist ein sprachlich geschliffener, ungemein zusammengeschobener Satz, wie wir ihn z.B. von der Verkehrswarnung her in Erinnerung haben: *Vorsicht Stau! oder Gu(r)te Fahrt!*

Die Eingeweihten kennen ohnehin schon die ganze Geschichte und wissen diese kurzen Signale richtig aufzufangen; im zweiten Beispiel ist jedenfalls darauf hingewiesen, daß nur der gut fährt, der im Auto auch angegurtet ist.

Der Fantasie und Einbildungskraft ist bei prophetischen Aussprüchen viel Raum gelassen, doch sind prophetische Botschaften immer und eindeutig parteiisch, und sie fordern auch zur Parteinahme heraus.

Ein modernes Beispiel kann verdeutlichen, was mit solcher Parteinahme gemeint ist:

Der Sinn von *„Die Polizei, dein Freund und Helfer"*, wird sehr eindeutig parteilich, wenn angriffslustige Demonstranten, die gegen eine geplante atomare Wiederaufbereitungsanlage sind, einer mit Schlagstöcken und Wasserwerfern bewaffneten Polizei als Hüter der staatlichen Ordnung bedrohlich gegenüberstehen.

Ein anderes Beispiel aus dem Bereich von Kirche, Staat und Gesellschaft ist die folgende Feststellung: *„Die Kirche, Anwalt des Menschen"*. Diese Aussage läßt der dazugehörenden Gedankenarbeit viel Raum. Wann war die Kirche dies? Wie hat sie dieses Ideal in den vergangenen Jahrhunderten verwirklicht, wie tut sie es heute?

Die geliehenen Sprachformen in der Prophetensprache

Ganz allgemein gilt, daß die Prophetensprache bei Amos wie bei allen späteren sog. Schriftpropheten geliehene Sprachformen benützt. Darunter ist verstanden, daß Propheten, um sich auszudrücken, gerne bekannte „Sprachspiele" benützen als „Sprachgefäße" oder „Sprachhülsen", in die sie einen ganz anderen Inhalt legen. Wenn Propheten die weltliche Sprache nach Art der Werbesprache gebrauchen oder wenn sie die Amtssprache (siehe Verkehrshinweise, Verordnungen usw.) nachahmen, sprechen wir von angewandten Formen. Selbst das Zitat ist im Prophetenspruch immer eine derartige angewandte Form und drückt in aller Regel die Kritik aus, die der Prophet „an den Mann bringen will".

Dabei schreckt Amos nicht davor zurück, auch die Sprache des Gottesdienstes und die religiöse Sprache allgemein für seine Zwecke zu nützen. Wir finden den Sinn dieser „verschlüsselten" Sprache am besten an einem Beispiel heraus, wenn wir etwa den in

unserer Muttersprache wohlbekannten Eingangsvers des Psalms 46 betrachten, wie ihn Martin Luther verdeutscht hat und wie er einmal „prophetisch“ angewandt wurde.
In Luthers bekanntem Kirchenlied lautet dieser Vers:

„Eine feste Burg ist unser Gott.“

In einer selbstkritischen modernen Verformung lautet der gleiche Satz:

„Eine feste Burg ist unser … Trott.“

So jedenfalls hat es in den vergangenen Jahren innerkirchliche jugendliche Kritik dem Propheten Amos nachempfunden.
Die für unser modernes Empfinden kaum mehr verständliche Zeremonie einer Leichenklage wendet Amos ebenfalls schonungslos und wie man meinen könnte pietätlos an, um den Israeliten klar zu machen, daß es ihm todernst ist mit seiner Botschaft. Die berühmte Auftrittsskizze mit der Totenklage über die Jungfrau Israel ist uns am Anfang des 5. Kapitels des Amosbuches überliefert:

„Hört die Totenklage, die ich über euch anstimme:
Gefallen ist sie und steht nicht mehr auf, die Jungfrau Israel; sie liegt zerschmettert am Boden in ihrem Land, und niemand richtet sie auf.“ (Am 5,2)

Man muß sich vorstellen, daß Amos seine Sätze mitten in eine gottesdienstliche Festversammlung am Tempel hineinschleuderte, wo die von ihm totgesagten Leute leibhaftig und gesund vor ihm stehen!

Das prophetische Botenwort

Im Sinne des später häufigen klassischen Gerichtswortes der Propheten wendet Amos das im Alten Orient überall bekannte *Botenwort* an.
Unter einem Botenwort ist verstanden, daß ein König oder sonst ein Hochgestellter durch Boten jemand eine Nachricht überbringen läßt. Dies geschieht in einer immer gleichbleibenden Form, so wie wir unsere Briefe beginnen mit „Sehr geehrter Herr N., sehr geehrte Frau N.“
Der Überbringer der Botschaft tritt ganz hinter seinen Botenauftrag zurück. Er wiederholt bei seiner Ankunft sogar den Vorgang des Auftrags, den er erhalten hat, mit folgenden Worten: „So hat der und der (hier wird der Name des Auftraggebers in die Formel eingesetzt) gesprochen …“ Dann erst folgt das eigentliche Botenwort (der Auftrag, die Nachricht), das er auszurichten hat. Amos und die Unheilspropheten nach ihm haben in diesem „Formular“ des Botenwortes öfter noch eine Begründung eingefügt. Man erkennt diese Begründung an charakteristischen Wörtern wie „weil“, „denn“, „deswegen“ u.ä.

Kostbarer Elfenbeinschmuck aus Samaria

Eines unter vielen Botenworten des Amos als Gerichtswort Gottes über Samaria lautet:

„So hat der Herr gesprochen (Botenformel): Wie ein Hirt aus dem Rachen des Löwen (von einem Schaf) nur zwei Wadenknochen rettet oder den Zipfel eines Ohres, so werden Israels Söhne gerettet, die in Samaria auf ihrem Diwan sitzen und auf ihren Polstern aus Damaskus" (Botenwort). (Am 3,12)

Das Gericht über das wilde Treiben in der Stadt Samaria und über die Unterdrückung, die dort herrscht, wird von Amos begründet:

„Sie kennen die Rechtschaffenheit nicht ... sie sammeln Schätze in ihren Palästen mit Gewalt und Unterdrückung (Begründung). Darum – *so spricht Gott, der Herr: Ein Feind wird das Land umzingeln; er wird deine Macht niederreißen und deine Paläste werden geplündert" (= Unheilsbotschaft, Unheilswort).* (Am 3,10f.)

„Springt ein Klappnetz vom Boden hoch, ohne einen Fang zu tun?!" (Am 3,5b)

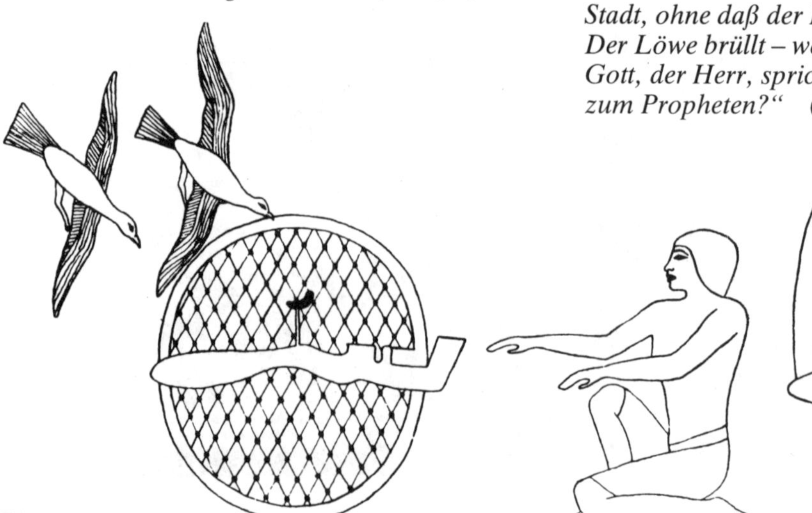

Die geistige Heimat des Amos

Die geistige Heimat und die Gedankenwelt, die in der Botschaft des Amos zum Vorschein kommen, sind zweifellos die altehrwürdigen Traditionen Israels. Hierher gehören zunächst und zuerst die im Geist der mosaischen *Zehn Gebote* vom Sinai verstandenen Gottesweisungen, die Amos kennt und deren Verletzungen durch die Israeliten er anklagen muß. Die Zehn Gebote sind freilich noch nicht in einer endgültig festgelegten sprachlichen Formulierung bekannt, so wie wir heute die *Zehn Gebote* kennen. Aber es steht außer Zweifel, daß Amos die Sinai-Gebote kennt und verteidigt.
Neben diesen Sinai-Traditionen finden sich bei Amos auch die sog. *weisheitlichen Traditionen.* Darunter ist verstanden, daß der Erfahrungsschatz, der über viele Jahrhunderte in einem Volk gesammelt ist, der Jugend und Nachwelt weitergegeben wird. Allgemeine Lebenserfahrungen werden von Amos aufgegriffen, und mit ihrer Hilfe demonstriert der Prophet, wie unausweichlich und unabänderlich Israel ins Verderben rennt, wenn es keine Vernunft zeigt und jegliche Mahnung und Warnung vor den üblen Folgen seines Tuns in den Wind schlägt. In einem kurzen Erfahrungssatz begründet Amos und nimmt für sich in Anspruch, daß ihn Gott zu Recht als Prophet erweckt hat:

„Fällt ein Vogel zur Erde, wenn niemand nach ihm geworfen hat? ... Bläst in der Stadt jemand ins Horn, ohne daß das Volk erschrickt? Geschieht ein Unglück in einer Stadt, ohne daß der Herr es bewirkt hat? ... Der Löwe brüllt – wer fürchtet sich nicht? Gott, der Herr, spricht – wer wird da nicht zum Propheten?" (Am 3,5f.8)

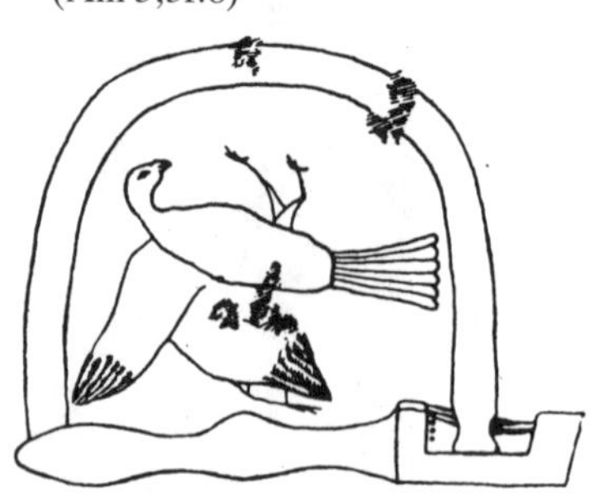

Die Zerstörung menschenwürdiger Lebensordnungen in Israel

Das gesellschaftliche Leben im Nordreich Israel

Daß Privateigentum Diebstahl sei, hat Karl Marx verkündet und die Marxisten behaupten es bis heute. Hätte der Prophet Amos dies auch sagen können, wenn er die Zeit des wirtschaftlichen Aufschwungs, den das Nordreich in der ersten Hälfte des 8. Jh. v. Chr. erfuhr, beurteilt?

Soviel wir sehen, hätte Amos diesen Slogan nicht verwendet. Amos hat den ganzen Reichtum der neuen Wohlstandsgesellschaft im Nordreich Israel ganz anders beurteilt. Wie lagen die Dinge wirklich? Weitläufige Handelsverbindungen mit den Städten längs der Mittelmeerküste, angefangen von Griechenland über Zypern bis nach Nordafrika und wahrscheinlich hinüber nach Südspanien, brachten den Kaufleuten in Israel begehrte Waren. Solche Handelsgüter ließen sich mit Gewinn auch in den Osten, z.B. nach Damaskus bis nach Assur in das Gebiet des Zweistromlandes verkaufen oder man konnte die Erzeugnisse dieser Länder damit einhandeln.

Der Aufschwung im Handel brachte auch dem Handwerk und dem Kunstgewerbe zusätzlichen Gewinn, denn der Wohlstand produziert gesteigerte Bedürfnisse, und diese erzeugen eine immer größer werdende Nachfrage nach Luxusgütern.

Die Beurteilung eines heute sogenannten frühkapitalistischen Wirtschaftssystems kann mit entsprechender Sorgfalt durchaus auf die Lebensverhältnisse im Israel des 8. Jh. v. Chr. angewandt werden.

Der an sich erfreuliche Aufschwung und Fortschritt, auch auf kulturellem Gebiet, zeigte damals bald eine Reihe von Nachteilen und Zerstörungen in den Lebensordnungen Israels.

Die Landwirtschaft, so kann man allgemein und zusammengefaßt sagen, kam mit den neuen Verhältnissen nicht zurecht. Das Volk Israel war unterschiedslos im Südreich Juda wie im Nordreich Israel in einer bäuerlichen Existenzweise zu leben gewohnt. Vom König Saul wird berichtet, daß er mit einem Gespann Rinder pflügte (1 Sam 11,5). Größerer Bodenbesitz war nur dem Königshaus zugestanden. Die Israeliten waren, wenn sie nicht Soldaten, Beamte, Kaufleute, Handwerker oder sonstige Stadtbürger waren, in ihrer Mehrzahl Bauern, die auf ihrem Hof sitzen und das umliegende Feld, das ihr Eigentum ist, bewirtschaften.

Man nennt heute solche bäuerliche Lebensart *Subsistenzwirtschaft,* worunter verstanden ist, daß von wenigen Nahrungsmitteln abgesehen, der israelitische Bauernhof sich selbst erhält und ernährt und damit unabhängig ist von Gütern, die z.B. allein an Lebensmitteln in eine Stadt gebracht werden müssen.

Dieses freie und unabhängige Leben war auch die Grundlage für die Gesellschaftsordnung in Israel. Einer stand dem anderen als freier, rechtsfähiger Volksgenosse gegenüber. Gab es Streit, so setzten sich die freien Bürger in der Ratsversammlung beim Tor einer Ansiedlung, sei es ein Dorf oder eine Stadt, zusammen und nahmen die Schlichtung des Streites nach einem mündlich überlieferten Gewohnheitsrecht vor. Bei diesen Verhandlungen am Tor wurde aber nicht eigentlich Gericht gehalten, wie heute ein Richter den Rechtsspruch fällt, nachdem er Anklage und Verteidigung und die Zeugen gehört hat. Das Gericht war meist eine Schlichtung. Im Unterschied zu heute konnte in einem israelischen Rechtsverfahren jeder rechtsfähige Bürger als Zeuge und zugleich als Schöffe und als Richter mitwirken. Ein einmal getroffener Rechtsentscheid war unbedingt bindend.

Man sieht leicht ein, daß das israelitische Rechtsverfahren die neuen Lebensverhältnisse, wie sie sich aus einer frühkapitalistischen Wirtschaftsweise ergeben, nur schwer bewältigen konnte. Zuviele „Hintertürchen“ blieben für gewissenlose Menschen offen. Die Bestechlichkeit der Richter, die, wie wir gesehen haben, aus dem Kreis der Rechtsfähigen im Ortsgericht genommen wurden, bildete schon zu allen Zeiten ein

„Ihr Mund spricht Nichtiges, und ihre Rechte ist eine Rechte des Trugs." (Ps 144,8)

Krebsübel. Nicht umsonst schärfte die alte Rechtsordnung des sog. Bundesbuches, dessen Ursprünge ins 10. Jh. v. Chr. reichen, ein:

„Biete deine Hand nicht dem, der Unrecht hat, indem du als falscher Zeuge auftrittst. Du sollst dich nicht der Mehrheit anschließen, wenn sie im Unrecht ist, und sollst in einem Rechtsverfahren nicht so aussagen, daß du dich der Mehrheit fügst und das Recht beugst." (Ex 23,1f.)

Die Warnung vor Rechtsbeugung war aber praktisch unwirksam, wenn die kapitalistischen Zustände *den Schein des Rechts* für sich hatten. Und dies konnte leicht z.B. auf folgende Weise geschehen, daß ein Bauer wegen einer Mißernte sich sein neues Saatgut beschaffen mußte. Wenn ihm nun ein kapitalkräftiger Volksgenosse oder ein Getreidehändler das benötigte Getreide zur Verfügung stellte, tat er das nicht ohne ein Pfand. Trat wider Erwarten eine erneute Mißernte und damit „Zahlungsunfähigkeit" ein, dann war ohne großes Zutun dessen, der dem in Not geratenen Volksgenossen das Getreide geliehen hatte, der Wert der ausgeliehenen Sache gestiegen. Das Kapital hatte sich vermehrt. Eine erneute Verpfändung wurde fällig.

Nach mehreren Fehlschlägen, etwa auch bei Viehseuchen, die das Zugvieh wie das Vieh auf der Weide erfassen konnte, hatte ein israelitischer Bauer völlig abgewirtschaftet. Im schlimmsten Fall blieb ihm nichts anderes übrig, als sich als Schuldsklave in Abhängigkeit eines anderen zu begeben, bis er durch eigene Arbeit die Schuldforderung, in unserem Beispiel den Wert des ausgeliehenen Getreides, abverdient hatte.
Starb der Schuldner vorher, konnte der Gläubiger dessen Söhne als Schuldsklaven nehmen, wie wir aus einem Fall wissen, der im 2. Königebuch (Kap. 4,1) berichtet ist. In der Regel wird ein Gläubiger seinen Bedarf an Pfändern damit gedeckt haben, daß er von seinem Schuldner Äcker oder Vieh zu Pfand nahm und diese damit der Nutzung durch ihren Eigentümer entzog, was an sich schon eine empfindliche Einbuße bedeutete.
Neben der Verpfändung, die ja nur einen zeitweiligen Entzug darstellte, gab es auch den endgültigen Verkauf, die Veräußerung auf immer.
Kapitalkräftige Leute und Bodenspekulanten, die es damals wie heute gab, konnten sich also auf ganz legale Weise ansehnlichen Grundbesitz verschaffen. Das bestehende israelitische Gewohnheitsrecht hatte *dage-*

gen – modern gesprochen – keine Paragraphen bereit. Wo Grundbesitz zusammenkam, fanden sich auch bald Leute, die solche Domänen im Auftrag von deren Besitzern, die zumeist als Kapitalisten und Rentiers in der Stadt saßen, als Pächter bewirtschafteten. Wir sehen, daß auf diese Weise die ursprüngliche israelitische Bodenordnung in Auflösung geraten ist.

Das Wirtschaftsgebaren der Händler tat öfter ein Übriges, um den Niedergang einer menschenwürdigen Lebensordnung in Israel zu beschleunigen. Wenn Leute einmal das Wirtschaften ausschließlich unter dem Gesichtspunkt des Gewinnvorteils betrachten und nichts anderes als die Besitzstandsmehrung kennen, dann ist ihnen nichts mehr heilig und unantastbar.

„Warum nicht“, so zitiert sie Amos, „den Gewichtsstein auf der Waage verkleinern *(= die Gewichte* fälschen*) und den gutgläubigen Verkäufer mühelos um einen Teil des Erlöses aus seiner Ware bringen?“* (vgl. Am 8,5).
„Warum nicht“, so zitiert Amos wiederum die Getreidehändler, „auch noch den Abfall verkaufen und zu Geld machen?“ (vgl. Am 8,6).

Dies ist in der Tat nichts anderes als Ausbeutung, gegen die sich Amos schärfstens wendet.

Die Korruption im Rechtsleben

Von Amos werden neben den „Wirtschaftsvergehen“ schlaglichtartig noch andere Situationen herausgegriffen und angeprangert, die zeigen, wie krank der Volkskörper Israels bereits ist. Das Krebsgeschwür der *Rechtsverdrehung* markiert Amos in den sog. Weherufen über die berufsmäßigen Rechtsverdreher:

„Wehe denen, die das Recht in bitteren Wermut verwandeln und die Gerechtigkeit zu Boden schlagen. Bei Gericht hassen sie den, der zur Gerechtigkeit mahnt und wer Wahres redet, den verabscheuen sie.
...
Ihr bringt den Unschuldigen in Not, ihr laßt euch bestechen und weist den Armen ab bei Gericht.“ (Am 5,7.10; vgl. 6,12)

„Warum verbirgst du dein Angesicht ..., da unser Leben in den Staub gebeugt ist und unser Bauch am Boden klebt?“ (Ps 44,26)

Mit den *Weherufen*, einer ausgeliehenen Redegattung aus dem Bereich der Totenklage, hat Amos signalisiert, daß die gewerbsmäßigen Rechtsverdreher nicht mehr unter diejenigen zu rechnen sind, denen eine Lebenschance bleibt. Die Abweisung des „Armen“, d.h. eines Mittellosen, kommt der Tatsache gleich, daß einem solchen Volksgenossen der Rechtsweg überhaupt abgeschnitten wird. m.a.W. sein menschliches Grundrecht bestritten wird auf rechtliche Untersuchung und Beurteilung seines Falles vor dem Ortsgericht.

Die Schuldknechtschaft

Aus den Anklagen des Amos (Am 2,6.8) entnehmen wir, daß die im Orient überall in Geltung befindliche Einrichtung der Schuldknechtschaft, d.h. eine Personalhaftung für wirtschaftliche Zahlungsunfähigkeit, auch im Nordreich Israel bestand. Um die Schuld abzuarbeiten, verdingt sich der freie Israelit als Sklave auf eine bestimmte Zeit. Er verliert dabei die Rechte und Pflichten (u.a. die Zugehörigkeit zum Dorfgericht) eines freien Israeliten und wird ein Sklave (s. Bsp. S. 20).
Ob er spätestens nach einem Zeitraum von sechs Jahren im siebten Jahr wirklich freikommt, ist nicht so sicher, wie es im sog. Sklavengesetz Ex 21,1-9 geschrieben steht. Eines war es, ein Gesetz zu haben, ein anderes, es auch durchzuführen. Amos klagt die fehlende Bereitschaft an, das Gottesgebot durchzuführen. In der sog. Israel-Strofe des Gerichtswortes über die Völker, die ringsum leben, verurteilt Amos auch Israel:

„So spricht der Herr: Wegen der drei Verbrechen, die Israel beging, wegen der vier nehme ich es nicht zurück: Weil sie den Unschuldigen für Geld verkauften und den Armen für ein Paar Sandalen. Sie strecken sich auf gepfändeten Kleidern aus neben jedem Altar, von Bußgeldern kaufen sie Wein und trinken ihn im Haus ihres Gottes.“ (Am 2,6.8)

Was Amos hier sagt, muß sich auf unglaubliche Vorkommnisse beziehen, bei denen einer in Schuldknechtschaft geriet, weil er den lächerlichen Gegenwert von ein Paar Sandalen nicht zahlen konnte. Das frivole Tun derer, die Kleider als Pfand nahmen und von Bußgeldern Wein kauften, um ihn in der guten Stube (Haus ihres Gottes) ihrer Prunkhäuser bei Festmählern zu trinken, richtet sich selbst. Der Mantel eines Menschen durfte übrigens nur einen Tag lang als Pfand genommen werden (vgl. Ex 22,15 und Mt 18,23-35).

Das gewissenlose Luxusleben der Oberschicht in Samaria

Das dolce vità der Neureichen im Land, ihre sich ins Unerhörte steigernde Genußsucht und ihr Wohlleben beruhen nicht auf ehrlicher Arbeit, sondern sind das Ergebnis dunkler Geschäfte, gewissenloser Habgier und menschenverachtender Praktiken. Die Frauen der Oberschicht von Samaria scheinen es dabei den Männern gleichtun zu wollen, jedenfalls nimmt sie Amos nicht im geringsten von seinem Verwerfungsurteil aus. Das Ende ihres Luxuslebens wird von ihm drastisch vorausgeschaut:

„an Fleischerhaken zerrt man euch in die Verbannung ... über den Hermon hinaus“ (gegen Assur hin). (Am 4,2f.)

Tatsächlich hat es nurmehr ein Menschenalter gedauert, bis die schreckliche Vorhersage des Propheten Amos Wirklichkeit wurde, als nämlich im Jahre 722 v. Chr. Samaria wie schon vorher sein ganzes Umland dem assyrischen Eroberer zum Opfer fiel. Das Volk der Assyrer galt als das grausamste im ganzen Altertum.

Tiglat-Pileser III. auf seinem Streitwagen

Assyrische Großkönige

Salmanassar III. (859-824 v. Chr.) unterwirft Tyrus und Sidon und macht König Jehu von Israel tributpflichtig. Tiglat-Pileser III. (745-727 v. Chr., in der Bibel Pul genannt) erobert große Teile von Palästina bis Gaza (Philisterland).
Eine Koalition zwischen Syrien und Israel gegen Assyrien unterliegt, die völlige Deportation der Leute aus Samaria wird durch einen Thronwechsel (König Hoschea) noch einmal abgewendet.
722 v. Chr. erfüllt sich schließlich, was Amos verkündet hatte: die Eroberung von Samaria durch Sargon II. (722-705 v. Chr.).
Die Bevölkerung wird deportiert und durch fremdländische Siedler ersetzt.

Sargon II.

„Hört dieses Wort, ihr Baschankühe auf dem Berg von Samaria, die ihr die Schwachen unterdrückt und die Armen zermalmt und zu euren Männern sagt: Schafft Wein herbei, wir wollen trinken. Bei seiner Heiligkeit hat Gott, der Herr, geschworen: Seht, Tage kommen über euch, da holt man euch mit Fleischerhaken weg, und was dann noch von euch übrig ist, mit Angelhaken. Ihr müßt durch die Bresche der Mauern hinaus, eine hinter der anderen; man jagt euch dem Hermon zu – Spruch des Herrn." (Am 4,1-3)

Die Folgen aus dem Aufstieg der leichtlebigen Oberschicht und die Situation der sozial abgestiegenen Unterschicht waren eine lähmende Ohnmacht, die über dem Volk Israel lag.
Waren das nicht die Leute, die Gott einstmals aus der ägpytischen und kanaanäischen Sklaverei herausgeholt hatte und ihnen mit den Sinai-Weisungen eine freiheitliche Lebensordnung geschenkt hatte?

Jetzt sah es so aus, als wiederholten sich die ägyptischen Verhältnisse im eigenen Volk, und die Verursacher merkten es nicht, wie sie sich ins Unrecht setzten. Das „Nein" des Amos zu ihrer menschenverachtenden Lebensweise ist demnach auch absolut, ohne „Wenn" und „Aber".

„Weh ... den Selbstsicheren auf dem Berg von Samaria ... Ihr, die ihr den Tag des Unheils hinausschieben wollt, führt die Herrschaft der Gewalt herbei. Ihr liegt auf Betten von Elfenbein und faulenzt auf euren Polstern. Zum Essen holt ihr euch Lämmer aus der Herde und Mastkälber aus dem Stall. Ihr grölt zum Klang der Harfe, ihr wollt Lieder erfinden wie David. Ihr trinkt den Wein aus großen Humpen, ihr salbt euch mit dem feinsten Öl und sorgt euch nicht über den Untergang Josefs (= Volk Israel). Darum müssen sie jetzt in die Verbannung, allen Verbannten voran. Das Fest der Faulenzer ist nun vorbei." (Am 6,1.3-7)

Assyrische Soldaten mit Kriegsgefangenen

Das Verwerfungsurteil für den veräußerlichten Gottesdienst in Israel

Im Glauben Israels und in seinem Gottesdienst schlug die Seele des Volkes, wie überhaupt der Mensch des Altertums sein Leben ganz anders als wir Heutigen nicht von menschlicher Technik beherrscht sah, sondern von einem gütig waltenden Schicksal. Vom Fruchtbarkeitssegen, den die Gottheit durch Sonne und Regen spendete, so daß Früchte und Getreide wuchsen und reiften und das Vieh sich vermehrte, hing das Leben des ganzen Landes ab.
Was war dabei wichtiger und natürlicher, als daß man sich diese Gottheit gewogen machte? Man tat dies im Gottesdienst durch Geschenke und Abgaben, durch Opfer vom Besten, was man besaß, den Erstlingen von Vieh und Getreide.
Im Gottesdienst des Volkes Israel war überdies das Bewußtsein wach, daß Jahwe nicht verehrt werden wollte, ohne daß seine heiligen Ordnungen der *Zehn Gebote,* die Freiheitsordnungen Israels, seit dem Auszug aus Ägypten her zur Spache kamen und allen Gottesdienstteilnehmern zur Selbstprüfung vorgelegt wurden.
In einem bekannten Eingangslied, einem Psalm, der am Tor des Heiligtums gesungen wurde, wird jedem Israeliten die Frage zur Prüfung vorgelegt:

„Wer darf hinaufziehen zum Berg des Herrn,
wer darf stehen an seiner heiligen Stätte?
Der reine Hände hat und ein lauteres Herz,
der nicht betrügt und keinen Meineid
schwört.
Er wird Segen empfangen vom Herrn und
Heil von Gott, seinem Helfer.“ (Ps 24,3-5)

Damit ist der Gottesdienst Israels mit einem Besonderen ausgezeichnet, das die umliegenden Völker in der Weise nicht hatten. Israels Gott Jahwe war ein Gott, der das Leben der Gemeinschaft der Israeliten in *Recht und Gerechtigkeit* wollte.
Im Amosbuch werden gleich zu Anfang die Verbrechen der Israel umgebenden Völker gegen ein solches gerechtes Gemeinschaftsleben aufgezählt und vom Propheten mit dem Verwerfungsurteil Gottes belegt. Das hat bestimmt die Zustimmung aller Israeliten gefunden.
Wie gelähmt müssen sie gewesen sein, als Amos nach einem „Rundumschlag“ gegen die Aramäer, die Philister, die Edomiter, die Ammoniter und Moabiter auch Israel den Stachel der Kritik tief in den Nacken stößt: Israel lebt nicht gemeinschaftsgerecht; es tritt Recht und Gerechtigkeit mit Füßen.

Die Sühne für die Sünden

Israels Glaube hielt es mit allen frommen Menschen dieser Welt freilich für gewiß, daß Gott die Verfehlungen, die Sünden der Menschen, unwirksam machen kann und daß Gott die Todeskräfte der Sünde und Schuld, die die Menschen über ihre Mitmenschen und das ganze Land bringen, vernichtet.
Wenn der Mensch sich in die Heilsphäre Gottes bringt, kann er zuversichtlich und gottgefällig leben. Daß Gott den Menschen ein solches Leben als Teilnahme an Gottes eigener Heiligkeit und Gerechtigkeit schenkt, dies war eine der Wurzeln des Glaubens in Israel und das Ziel seines Gottesdienstes.
Die Tieropfer Israels haben ja nur dann einen Sinn, wenn sie augenfällig die stellvertretende Vernichtung des Menschen anzeigen: der sündige Mensch kann in der Gegenwart des allheiligen Gottes nicht bestehen. Er muß seine Sünderexistenz aufgeben, er muß „vernichtet“ werden.
Nach dem Glauben Israels nimmt aber Gott das Opfer der Menschen als symbolische Vernichtung an und gewährt so, auf die Bitte der Menschen hin, Entsündigung und Sühne für begangene Schuld. Der Sinn aller Opfer, der Tieropfer wie der übrigen Abgaben am Heiligtum, führt demnach vom Materiellen weg und will den Geist, die Gesinnung des Menschen bewegen.

Gehörnter Räucheraltar aus Megiddo

„Mein Gelübde will ich einlösen vor denen, die ihn fürchten. Die Geringen sollen essen und satt werden. Und es sollen Jahwe rühmen, die ihn suchen." (Ps 22,26b.27)

Der rechte Gemeinschaftssinn

Das Ziel des rechten Gemeinschaftssinns war nicht ohne Ernst und Anstrengung zu erreichen. Und es ist in der Tat viel schwerer, eine aufrichtige Gesinnung, besonders dem Mitmenschen gegenüber einzunehmen, als materielle Opfer zu bringen und nur auf etwas verzichten zu müssen, was man gerne besessen hätte. Der Gottesdienst in Israel verlangte aber stets und gerade dies unter Beweis zu stellen, daß man eine aufrichtige Gesinnung und den rechten Gemeinschaftssinn besaß. Ein entsprechendes Beispiel der gottesdienstlichen Prüfung des Gemeinschaftssinnes besitzen wir in Psalm 50:

„Höre mein Volk, ich rede, Israel ich klage dich an, ich, der ich dein Gott bin. Nicht wegen deiner Opfer rüge ich dich, deine Brandopfer sind mir immer vor Augen ... Zum Frevler aber spricht Gott: Was zählst du meine Gebote auf und nimmst meinen Bund in deinen Mund? Dabei ist Zucht dir verhaßt, meine Worte wirfst du hinter dich. Siehst du einen Dieb, so läufst du mit, du machst dich mit Ehebrechern gemein. Dein Mund redet böse Worte, und deine Zunge stiftet Betrug an. Von deinem Bruder redest du schändlich, auf den Sohn deiner Mutter häufst du Verleumdung. Das hast du getan, und ich soll schweigen? Meinst du, ich bin wie du? Ich halte es dir vor Augen und rüge dich." (Ps 50,7.8.16-21)

Der Frevel im Gottesdienst Israels

Der Prophet Amos stellt in genau derselben Weise wie der Psalm 50 fest, daß Israel tatsächlich frevelt, im Gottesdienst wie in seinen Liedern, mit denen Jahwe gepriesen werden soll.

„Ich hasse eure Feste, ich verabscheue sie und kann eure Feiern nicht riechen. Wenn ihr mir Brandopfer darbringt, ich habe keinen Gefallen an euren Gaben, und eure fetten Heilsopfer will ich nicht sehen. Weg mit dem Lärm eurer Lieder! Dein Harfenspiel will ich nicht hören, sondern das Recht ströme wie Wasser, die Gerechtigkeit wie ein nie versiegender Bach." (Am 5,21-24)

Diese in der Form der göttlichen Ich-Rede gehaltene Anklage und Schelte ist zwar keine absolute Verwerfung des Opferkultes in Israel, aber es ist eine totale Ablehnung jener Gottesdienstveranstaltungen, die im 8. Jh. v. Chr. im Nordreich Israel in oberflächlicher Weise stattfinden. Sicherlich waren die Gottesdienste an den Reichsheiligtümern von Bet-El und Dan und überall im Land mit dem zunehmenden Wohlstand der Bürger entsprechend großartig in ihrer äußeren Pracht, wie es ja auch in der christlichen Ära nicht an prachtvollen Kirchenbauten und Gotteshäusern fehlt. Die Menschen haben zu Zeiten viel für Gott und den Gottesdienst geopfert und gewiß auch im wahren Sinn des Wortes Opfer gebracht. Doch entscheidend ist schließlich, wieviel an innerer Gesinnung die Menschen bewegte.

Das Verwerfungsurteil des Amos

Wie wir der Gottesbotschaft des Amos entnehmen, muß sich jeder materielle Aufwand für den Gottesdienst daran messen lassen, von welcher *inneren Gesinnung* er getragen ist, sonst trifft ihn gleicherweise das Verwerfungsurteil des Gottespropheten.
Es entbehrt nicht einer gewissen Tragik, daß der Prophet bei seinem Drohwort über den Gottesdienst in Israel gerade jene vertraute Priestersprache anwendet, die die Priester sonst während des Gottesdienstes beim Opferbescheid gebrauchen, wenn sie feststellen, ob ein Opfer ohne Fehler und damit gottgefällig ist.
Die Fachsprache der Priester benützt die Ausdrücke: „wohlgefällig" für den positiven Opferbescheid und die Verneinung für den negativen Opferbescheid.
Man kann dieses Verfahren noch an der deutschen Übersetzung der Verse Am 5,21-24 beobachten, z.B. ... *ich habe* keinen *Gefallen* ... *ich will* nicht *hören, sehen, ich kann* nicht *riechen usw.*
Ein entsprechendes Urteil wie über den Gottesdienst der Kultstätten im Nordreich Israel Bet-El und Dan hat Amos auch über die anderen Kultorte, wie z.B. Gilgal im Süden des Landes nahe Jericho und dem Toten Meer verkündet:

„Kommt nach Bet-El und sündigt, kommt nach Gilgal und sündigt noch mehr! Bringt jeden Morgen eure Schlachtopfer herbei, bringt am dritten Tag euren Zehnten! Verbrennt als Dankopfer gesäuertes Brot! Ruft zu freiwilligen Opfern auf, verkündet es laut, damit man es hört! Denn so gefällt *es euch, ihr Söhne Israels – Spruch des Herrn.* (Am 4,4f.)

An diesen Formulierungen des Amos, d.h. den gottesdienstlichen Aufforderungen, fallen der Sarkasmus und die Bitterkeit auf, mit denen der Prophet den ganzen Opferbetrieb der Israeliten verhöhnt und verwirft.
Die Formulierung: „Kommt nach Bet-El ..." ist der Wortfügung nach eine vertraute Priesterweisung (Priestertora). Mit ihr wird in bekannten Worten der israelitische Gottesdienstbesucher aufgefordert, seinen heiligen Pflichten am Kultort nachzukommen.
In schrecklicher, doch entlarvender Verzerrung läßt Amos die Priester den Leuten sagen, sie sollen ans Heiligtum kommen – und dort sündigen.
Zum Sündigen braucht niemand ein Heiligtum aufzusuchen, sondern am Heiligtum geschieht die Versöhnung der Menschen mit Gott und untereinander, wie dies eindringlich in der Bergpredigt gefordert ist:

„Wenn du deine Opfergabe zum Altar bringst und dir dabei einfällt, daß dein Bruder etwas gegen dich hat, so laß deine Gabe dort vor dem Altar liegen; geh und versöhne dich zuerst mit deinem Bruder und dann komm und opfere deine Gabe." (Mt 5,23f.)

Amos hat aber die Priester in kritischer Absicht zitiert. Der Gottesdienst Israels gewährt keine Heilung und Versöhnung mit Gott, sondern ist Frevel und Sünde.
Noch im Schlußsatz:

„... *so liebt* ihr *es, so* gefällt es euch, *ihr Söhne Israels"* (Am 4,5)

ist eine fürchterliche Verdrehung allein schon an der Wortwahl zu erkennen.
Wenn einer im Gottesdienst sagen kann: „Es gefällt mir usw.", d.h. den positiven Opferbescheid und die gültige Annahme aussprechen kann, dann ist das Gott allein.
Die Israeliten maßen sich nach den Worten des Propheten Amos an, selbst zu wissen, was Gott gefällig ist:

„So gefällt es euch, ihr Israeliten."

Die fünf Visionen (Gesichte) des Amos

In den drei letzten Kapiteln des Amosbuches finden sich jeweils am Anfang Berichte von Amos über Schreckensbilder nach Art von Traumgesichten (Visionen), die er erlebt hat. Diese Berichte beginnen mit

„Dies zeigte mir Gott, der Herr, in einer Vision …"

Das Thema der fünf Gesichte ist trotz der eigenen Szene, die jede dieser Schauungen hat, gleich. Es lautet durchgehend *Vernichtung, Ende, Zerstörung.*
Unschwer läßt sich erkennen, daß diese gerafften Bildszenen auf die Unglücksbotschaft des Amos bezogen sind und im Unterschied zum übrigen Wortempfang, den der Prophet als Bote Gottes erfährt, ein Bildempfang sind, den der Prophet nur schaudernd und zu Tod erschreckt in Worte umsetzt.

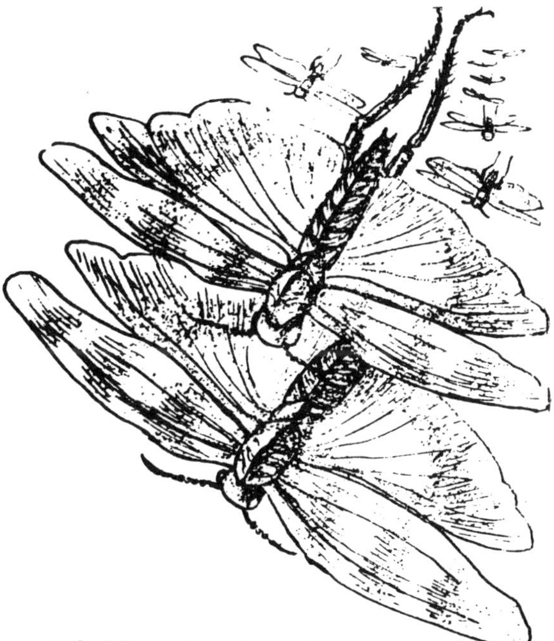

Die Heuschreckenplage

Gott läßt Amos die Katastrophe einer Heuschreckenplage sehen. Es sind geflügelte Tiere, die *in dichten Wolken buchstäblich* den Himmel verdunkeln.
Sie sind im Begriff, alles Land kahlzufressen, die Frühjahrssaat, alles Grün und damit die Nahrung für Tier und Mensch zu vernichten. Da wendet sich der Prophet bittend an Gott:

„Gott, mein Herr, vergib doch … Jakob ist ja so klein!" (Am 7,2)

Auf die Fürbitte des Propheten hin wird das Unheil noch einmal abgewendet.

Die Feuersglut

Die zweite Vision hat eine Feuersglut zum Gegenstand, die das ganze Land verbrennt. Im Unterschied zu der noch in heutiger Zeit tatsächlich vorkommenden Naturkatastrophe einer Heuschreckenplage, wie sie z.B. in Afrika, im Vorderen Orient und in Indien regelmäßig sich einstellt, handelt es sich bei der Schauung der Feuersglut, die die große Flut (Meer?) aufzehrte und im Begriff stand, das Land Jakob zu verschlingen, um eine Katastrophe, die den Rahmen der bestehenden Naturverhältnisse sprengt und an die Uranfänge (Urflut) heranreicht. Die Vorgänge der Urzeit werden am Ende wiederkommen.
Der Sinn dieser Vision ist klar: eine noch größere, in die totale Vernichtung und ins totale Ende gesteigerte Strafe für das, was Israel verdient hat.
Auch dieses Unheil kann Amos durch seine Fürbitte noch einmal abwenden.
Die zwei ersten Visionen des Amos, bei denen der Prophet das drohende Unheil hellsichtig, in einem Wachtraum sieht und es

noch durch seine Fürbitte bei Gott abwenden kann, geben Anlaß zu der Annahme, daß Amos nicht von Anfang an ein Unheilsprophet war. Ähnlich wie fast zweihundert Jahre später der Jerusalemer Prophet Jeremia sieht sich Amos auf seiten des Volkes Israel und an der Spitze einer Menge, die im Klagegottesdienst angesichts eines heranrückenden Unheils, der Katastrophe eines Krieges oder einer Naturkatastrophe, mit Bitten den Himmel bestürmt. Zu Jeremia wird Jahwe sagen:

„Selbst wenn Mose und Samuel vor mein Angesicht träten, würde ich mein Herz diesem Volk nicht mehr zuneigen. Schaff sie (= das Volk von Jerusalem und Juda) mir aus den Augen." (Jer 15,1)

Obwohl wir von Jeremia wissen und es auch von Amos annehmen können, daß er seine Volksgenossen, die Israeliten, liebte und sich um ihr Schicksal grämte, erfährt Jeremia, daß Gott ihm verbietet, für sein Volk zu beten.

„Und der Herr sprach zu mir: Bete nicht um das Wohlergehen dieses Volkes! Auch wenn sie fasten, höre ich nicht auf ihr Flehen; wenn sie Brandopfer und Speiseopfer darbringen, habe ich kein Gefallen an ihnen. Durch Schwert, Hunger und Pest mache ich ihnen ein Ende." (Jer 14,11f.)

Das Senkblei, der Erntekorb und der zerstörte Altar

Das Senkblei

In der dritten und vierten Vision wie auch in der letzten Vision hat Amos gleichsam die Seiten gewechselt. Er steht jetzt auf der Seite Gottes. Amos sieht einen Mann auf der Mauer, der mit einem Senkblei (Lot) am Werk ist; offensichtlich ist die Mauer schief und wird einstürzen – so könnte man das nicht ausdrücklich ins Wort gehobene Geschehen zu Ende denken. In der interpretierenden Formulierung, wie sie im Amosbuch bei der dritten Vision zu finden ist, sagt Jahwe:

„Siehe, mit dem Senkblei prüfe ich mein Volk Israel. Ich verschone es nicht noch einmal." (Am 7,8)

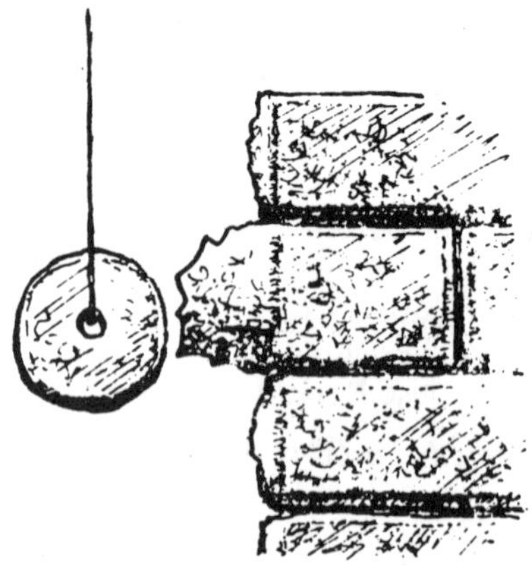

Das Nein des Amos, das in diesen drei Visionen zum ersten Mal durchbricht, darf nicht so verstanden werden, als hoffe Amos nicht weiter, daß sich Israel bekehrt. Es ist vielmehr so, daß zwar Amos auf seiten Gottes steht und nicht mehr als Prophet fürbittend im Kult und Gottesdienst Israels auftritt.
Wenn Amos von jetzt ab auftritt, hat er Israel nur noch die tatsächliche Verwerfung anzusagen. Aber dies schließt nicht aus, daß Amos in banger Erwartung lebt, seine Drohbotschaft werde die Israeliten doch noch zur Umkehr und zur Änderung ihrer Gesinnung und ihrer Taten bringen.

Der Erntekorb

Die vierte Vision, deren Szene wiederum ganz natürlich und sogar harmlos erscheint, breitet vor unseren Augen einen Erntekorb mit reifem Obst aus.
Erst die interpretierende Rede, die Gott an Amos richtet, zerstört jäh das vertraute Bild, das durch ein im Deutschen nicht nachahmbares Wortspiel noch eindrücklicher und wuchtiger wird.
Das hebräische Wort für Ernte wird nur durch eine kleine Umlautung zum Wort Ende: Qaitz/Qetz. Als Amos einen Korb

mit reifem Obst (= Obst, das reif zur Ernte ist) sieht, ist ihm gewiß, daß Israel „reif zur Ernte ist". Dies hebt Amos abschließend auch ins Wort:

„Da sagte der Herr zu mir: Mein Volk Israel ist reif für das Ende. Ich verschone es nicht noch einmal." (Am 8,2)

Der zerstörte Altar

Die fünfte und letzte Vision schließlich, die am Anfang des Kapitels 9 im Amosbuch steht, zeigt die Zerstörung und vollständige Vernichtung des „Herzens Israels", des Opferaltars im Tempel. Damit ist auch jede Möglichkeit, sich bittend an Gott zu wenden, für den Verstand jedes Israeliten geschwunden. Anschließend an die Zerstörung/Zerschlagung des Altars ist das Schrekkensbild noch auf die Zerschlagung aller Israeliten ausgeweitet:

„Ich sah den Herrn beim Altar stehen. Er sagte: Zerschlag den Knauf der Säule, so daß die Tragbalken zittern.
Ich zerschmettere allen den Kopf. Was dann von ihnen noch übrig ist, töte ich mit dem Schwert.
Keiner von ihnen kann entfliehen, keiner entrinnt, keiner entkommt.
Wenn sie in die Totenwelt (= Unterwelt) einbrechen (= entfliehen): meine Hand packt sie auch dort.
Und wenn sie zum Himmel aufsteigen: ich hole sie von dort herunter ..." (Am 9,1f.)

Abschließend kann zu den Visionen des Amos gesagt werden, daß sie in letzter Verdichtung und Zusammenfassung die Verkündigung des Amos begleiten. Sie zeigen die Wende von seiner Heilsverkündigung

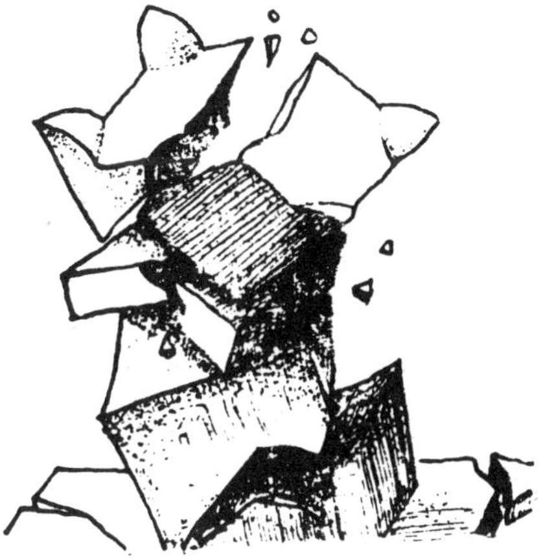

(Rettung Jakobs/Israels) zur Unheilsverkündigung an und offenbaren in letzter Schärfe die totale Vernichtung Israels als ein bei Gott beschlossenes Schicksal, dessen Unabwendbarkeit die Israeliten selbst verschuldet haben.

Das Ende der Prophetie des Amos

Über das Ende der Prophetie des Amos wissen wir nur soviel, daß Amos durch den Oberpriester am Reichsheiligtum zu Bet-El ins Südreich Juda ausgewiesen wurde (vgl. Am 7,10-17).
Die am Schluß des Amosbuches überlieferten Sätze über die Erwählung Israels und der anderen Völker sowie über das Gericht, das auch nach erfolgter Erwählung durch Gott ein Volk treffen kann, das seine Erwählung verspielt, stammen gewiß von Amos. Sie reihen sich sehr wohl in die Linie der Unheilsweissagungen ein. Nicht so sicher ist, ob die Verheißung eines künftigen Heils für Israel, wonach Gott „die zerfallene Hütte Davids" wieder aufbaut, von Amos stammt.

DER PROPHET HOSEA

Zur Einführung

Der Prophet Hosea gehört wie der zeitlich etwas frühere Prophet Amos zu den ersten Schriftpropheten. Er wirkte im Nordreich Israel in der Zeit etwa ab 750 v. Chr. bis zum Untergang von Samaria im Jahre 722 v. Chr. Unter einem Schriftpropheten ist zu verstehen, daß der Prophet selbst einen Teil seiner Prophetie niederschrieb oder wenigstens sog. Auftrittskizzen machte. Seine Anhänger und seine Schüler haben gewiß den größeren Teil des heute 14 Kapitel umfassenden Hoseabuchs als Nachlaß des Propheten schriftlich festgehalten und gesammelt.
Allgemein muß man vom heutigen Standpunkt aus in Betracht ziehen, daß eine Prophetenüberlieferung viele Entwicklungsstadien durchgemacht hat, angefangen von der Zeit der Ereignisse selbst bis zu späteren Epochen, die in den Prophetien die kostbare, gültige Offenbarung Gottes erkannten. Die Prophetien erfolgten aber zunächst bei Gelegenheitsauftritten des Propheten, etwa bei großen Festversammlungen, wo man sich von ihm eine gute Botschaft erhoffte.
Freilich hatte sich in Israel das Einholen eines Gottesbescheids innerhalb des Gottesdienstes, d.h. bei der Versammlung des Volkes am Heiligtum, als etwas durchaus Zweischneidiges erwiesen.
Der Prophet Amos z.B. verurteilte nicht nur die Nachbarvölker, weil sie die Gottesordnung übertraten, sondern auch das Volk Israel wegen seiner Untaten.
Hosea muß im Auftrag Gottes dem Volk Israel und seinen führenden Kreisen, besonders der Priesterschaft, den Untergang prophezeien, weil Israel ein gottvergessenes Leben führt. Was die Israeliten als ihren Gott Jahwe verehren, ist ein Zerrbild Gottes, das die Züge des Fruchtbarkeitsgötzen Baal trägt. Israel ist „unter seinem Gott weggehurt“, so drückt es Hosea in seiner drastisch-derben Sprache aus (Hos 4,12 hebr. Text).
In immer wiederkehrenden Anklagen, Schuldaufweisen und Verwerfungsurteilen kreisen Hoseas Reden und Tun (vgl. seine eigene ihm von Gott befohlene Ehe, die er mit der Dirne Gomer eingegangen ist), um den Sachverhalt, daß Israel ehebrecherisch lebt im Bund, den es seit dem Auszug aus Ägypten mit Gott am Sinai geschlossen hat und in dem es sich nach wie vor sicher wähnt.
Hosea zertrümmert Stück um Stück diese Scheinsicherheit und demonstriert Israels Zusammenbruch am politischen und völkischen Ruin, der sich in den letzten Jahrzehnten bis zum Ende des Nordreichs ereignet. Doch ist bei aller Verzweiflung Hoseas Prophetie von Anfang an von einem hellen Lichtstreif durchzogen: Jahwe wird seinen von Israel geschändeten Ehebund wieder erneuern.
Die knappe prägnante Sprache und die mitgeteilten Sachverhalte des Hosea-Büchleins sind ohne Hinführungen nicht zu verstehen. Wichtig war bei deren Darstellung, über das Historische hinaus auch das Theologische bei Hosea aufzunehmen. Deswegen sind in den nachfolgenden fünf Hauptabschnitten die erforderlichen Verstehenshilfen geboten. Sie wurden auf dem Boden der alttestamentlichen Exegese konzipiert, gehen aber aus didaktischen Gründen öfter darüber hinaus. Manches mußte weggelassen werden; wer mehr sucht, sei auf die einschlägigen Kommentare verwiesen.
Ein letzter Hinweis gilt der Bildersprache (Metaphorik) des Hosea.
Hosea formuliert in unnachahmlicher Weise, so anschaulich wie präzis, und zeichnet dabei Bilder aus der Jagd, aus dem Krieg, aus dem Leben des Bauern und Viehzüchters, des Bäckers, u.a.m. Den Bildern aus dem Liebes- und Eheleben weist Hosea eine besondere Bedeutsamkeit zu. Doch dienen alle diese Bilder nur dazu, umso unauslöschlicher die Wirklichkeiten ins Gedächtnis einzuprägen, die der Seher und Gottesmann Hosea damals – und noch heute uns – vor Augen zu stellen hat.

Gott will nicht in Fruchtbarkeitsriten verehrt werden

Einen Schlüssel zum Verständnis der Botschaft des Propheten Hosea hat man zweifellos in der Hand, wenn man erfaßt, wie der Prophet den Fruchtbarkeitskult einschätzt. Fruchtbarkeit, d.h. Erntesegen auf dem Feld, Vermehrung des Viehs auf der Weide und im Stall und schließlich das Aufsprossen von menschlicher Nachkommenschaft, die Söhne und Töchter in der Familie, dies alles sind elementare Lebensvorgänge, an denen kein Mensch achtlos vorbeigehen kann, schon gar nicht der erdverbundene Israelit und Ackerbauer auf dem Boden Kanaans. Wie die gesamte Umwelt des Landes Israel, besonders nach Osten im Zweistromland Assur-Babylon und auch nach Norden, in Kanaan und Syrien, erfuhren die Menschen in Israel tagtäglich mit der aufgehenden Sonne die lebensspendende Kraft der Natur. Im Regen, der sich auf das trockene, dürstende Land ergoß, schien eine ebensolche verborgene Kraft zu liegen.

Fruchtbarkeitsgöttin aus Ugarit, Nordwestsyrien (Louvre, Paris).

Jedesmal, wenn das Wasser den Boden befeuchtet hatte, lockten die Sonnenstrahlen das Grün aus den Erdspalten und an Pflanzen und Bäumen hervor. Bald stand die ganze Natur in heller Blütenpracht und alle Gewächse setzten Früchte an. Der Rhythmus des Wachsens und Reifens, der Ernte und des Absterbens bestimmte in einem uns heutigen Menschen kaum mehr vorstellbaren Maß den Alltag wie auch die Festtage der Menschen des Alten Orients.
Was Wunder, wenn die Menschen, so wie sie unter dem Einfluß der Natur mit ihrem andauernden Werden und Vergehen standen, ihrerseits versuchten, Einfluß auf die Naturkräfte zu bekommen!
Das Geheimnis der Fruchtbarkeit verbarg sich für den Menschen des Alten Orients und des ganzen Altertums im Leben und Schicksal der Götter. Die mütterliche Erde empfing mit dem Regen in ihrem Schoß die männlich gedachten Lebenskeime (Spermien) des Himmelsgottes Baal.
Der Gott Baal, dessen Name soviel wie Eheherr, Gemahl bedeutet, wurde im Westen und Norden des Vorderen Orients als der Fruchtbarkeitsgott schlechthin verehrt. Im Zweistromland trug dieser Gott den Namen Tammuz. Seine Gemahlin war Inanna-Ischtar. Die zu Baal gehörende weibliche Entsprechung war die Göttin Astarte, in der man unschwer die benachbarte Ischtar erkennt. Wichtig an der Auffassung des Wirkens von Gottheiten ist für uns Nachgeborene die Feststellung, daß die Geschlechtlichkeit von Anfang an und als Prinzip zu den Götterwesen gehört. Götter treten stets als männlich und weiblich auf. Ihr Handeln ist vorab geschlechtlich geprägt. Sie üben also Geschlechtlichkeit entsprechend ihrem Wesen aus.
Es war und bleibt eine imponierende Feststellung, daß das Leben am Zusammenwirken von einem männlichen Prinzip und einem weiblichen Prinzip hing. In der Zeugung, Begattung, der Vereinigung dieser beiden Lebenselemente kam neues Leben zustande. Das konnte jedermann selbst beobachten: bei den einfachen Lebensformen, von den Pflanzen angefangen bis hin zu den Tieren, aber auch bei den Menschen bis hin zu den Göttern. Alle diese Wesen sind dem Gesetz der Geschlechtlichkeit unterworfen. Wie gleichsam selbstverständlich erscheint es aus dieser Sicht – nicht freilich aus moderner Anschauung heraus –, daß im Gottesdienst, d.h. in der Verehrung (Kult) der Götter, von Menschen diese höchste Form der Vereinigung ,,nachgeahmt" wurde.
Wenn etwas erstrebenswert war, dann dies, in den göttlichen Lebensstrom eintreten zu dürfen und an der göttlichen Lebensmacht teilhaben zu können.

Das intime Beisammensein des Königspaares (Elfenbeintäfelchen aus Ugarit).

In einer heiligen Hochzeit (Hieros Gamos) vereinigten sich der König als Repräsentant des Volkes und die Priesterin.
In einem Brautgemach im Tempel wurde die Handlung vollzogen und dann dem wartenden Volk verkündet.
Unbändige Freude und Jubel und gewiß auch weitere ,,Nachahmung" breiteten sich an diesem höchsten Festtag, dem Neujahrstag des Jahres aus.
Wenn wir hierbei auch uns abstoßende Festbräuche, ,,Orgien", vermuten dürfen, kann das alles nicht darüber hinwegtäuschen, daß es imgrunde um eine ernste Sache ging, die der Mensch ganz und gar nicht in der Hand hatte: Die Fruchtbarkeit des heraufkommenden Jahres. Würde genügend Regen fallen, würde die Ernte, das Vieh gedeihen, würde Gott gesunde, glückliche Nachkommenschaft schenken?
Der israelitische Bauer war von diesen Ungewißheiten geplagter, als wir moderne Menschen es gewöhnlich anzunehmen bereit sind.
Und der Gottesdienst, die Gottesverehrung, ging auf diese Sorgen ein. Soweit – sogut. Oder?
Aus den scharfen Verurteilungen, die Hosea für diese Art von Gottesdienst bereithält, gewinnen wir eine Vorstellung von Fruchtbarkeitsriten, die zu dieser Zeit, d.h. in der zweiten Hälfte des 8. Jh. v. Chr., in Israel im Schwange waren.
Danach besaß wohl jede größere Ansiedlung einen Kultort, eine Kulthöhe, einen bewaldeten Hain, wo die Fruchtbarkeitssymbole, der männliche Kultpfahl und das weibliche Gegenstück, aufgestellt und verehrt wurden. Zur Festfeier waren die Leute zusammengekommen, um die Fruchtbarkeit zu sichern.
Die „Nachahmung" wird so drastisch vollzogen, daß die Öffnung des Mutterschoßes bei jungen Frauen ans Heiligtum verlegt ist. Es muß für eine israelitische Familie nahegelegen haben, daß sie ihre Töchter, die eine Heirat und Ehe beginnen wollten, am Tempel durch Priester „einweihen" ließen.
Die Gewohnheit erscheint überall im Alten Orient verbreitet, sei es, daß die jungen Frauen nur einmalig, sei es, daß sie längere Zeit als sog. Kedeschen, Tempeldienerinnen (Hierodulen), diese Riten vollzogen.

Hieros Gamos. Das Paar ruht auf einem mit kostbaren Decken überzogenen Bett. Unter dem Bett ist der Skorpion der Göttin Ischchara zu sehen.

Die verdorbene Liebe zwischen Jahwe und Israel

Erste Liebe

Gott hat die Israeliten aus dem Sklavenhaus Ägyptens gerettet und an sich gebracht – so lautet das Urbekenntnis des Volkes Israel. Die Bindung und Verbindung, die zwischen Gott und Israel deswegen besteht, sollte beständig sein, in unveränderlicher Treue und Hingabe. Beide, Israel und Gott, sollten einander ungeteilt besitzen, jeder Dritte war ausgeschlossen.

Als Israel jung war, gewann ich ihn lieb, ich rief meinen Sohn aus Ägypten. (Hos 11,1)
Wie man Trauben findet in der Wüste, so fand ich Israel; wie die erste Frucht am Feigenbaum, so sah ich eure Väter.
(Hos 9,10)

Der Prophet Hosea muß aber seinen Landsleuten im Auftrag Gottes verkünden, daß Israel die Liebe zu Gott verdorben hat.
Was inzwischen geschieht, nachdem das Volk das Gelobte Land in Besitz genommen hat, ist nur noch ein Zerrbild der Liebe zu Gott.
Israel hat Jahwe vergessen. Jedenfalls danken die Menschen die Gaben des Landes, Getreide, Obst und Wein, den reichen Viehbesitz und überhaupt ihren Wohlstand nicht Jahwe, sondern den Fruchtbarkeitsgottheiten, den Baalen und den Astarten.

(11) Der Opferwein raubt meinem Volk den Verstand:
(12) Es befragt sein Götzenbild aus Holz, von seinem Stock erwartet es Auskunft.
Ja, der Geist der Unzucht führt es irre.
Es hat seinen Gott verlassen und ist zur Dirne geworden.
(13) Sie feiern Schlachtopfer auf den Höhen der Berge, auf den Hügeln bringen sie Rauchopfer dar, unter Eichen, Storaxbäumen und Terebinthen, deren Schatten so angenehm ist. So werden eure Töchter zu Dirnen, und eure Schwiegertöchter brechen die Ehe.
(14) Aber ich strafe nicht eure Töchter dafür, daß sie zu Dirnen werden, nicht eure Schwiegertöchter dafür, daß sie die Ehe brechen; denn sie (die Priester) selbst gehen

mit den Dirnen beiseite, mit den Weihedirnen feiern sie Schlachtopfer.
So kommt das unwissende Volk zu Fall.
(Hos 4,11-14)

Uruk – Alabaster-Vase,
Ausschnitt (4.-3. Jt.) Bagdad.

Käufliche Liebe

Zur Schilderung und zur Kennzeichnung des zwiespältigen Verhältnisses, das zwischen Israel und Gott besteht, wird Hosea von Gott auf eine schandbare Tatsache unter den Menschen verwiesen: auf den gewerbsmäßigen Geschlechtsverkehr.
Diese Art von geschlechtlichen Beziehungen ist gewiß so alt wie die Menschheit. Sie wird noch heute gewerbsmäßige Un-zucht genannt, in der Umgangssprache heißt sie Hurerei, amtlich Prostitution.
Die Frauen, die diesem Geschäft käuflicher Liebe nachgehen, heißen Dirnen, Huren oder Nutten. Merkwürdig ist jedoch, daß die damalige wie noch heute unsere Gesellschaft nicht ebensolche abschätzigen Namen bereithält für die den Sex bezahlenden Männer, da sie doch gleichfalls Unzucht treiben. Ist es nur deswegen, weil sie dafür zahlen müssen?
Damals wie heute steht jedenfalls fest, daß derartige Geschlechtsbeziehungen eine verdorbene Liebe sind. Eine solche Geschlechtsverbindung ist flüchtig und wechselhaft, ohne Festigkeit und Treue zu einem bestimmten Partner. Tiefere Gefühle der Zuneigung kommen nicht auf, sie werden oft geradezu ausgeschlossen.
Was bei einer natürlichen Liebe an Eigenschaften vorhanden ist wie Hingabe, Gemeinsamkeiten in guten wie in schlechten Zeiten des Lebens, und besonders die eheliche Treue, dies alles fehlt der „käuflichen Liebe“. Sie ist keine echte Beziehung mehr, bestenfalls eine fragwürdige Bedürfnisbefriedigung, die nicht einmal der menschlichen Natur entspricht, ganz zu schweigen von dem moralisch-sittlichen Anspruch, der aus der Menschenwürde kommt.
Hosea wird von Gott eine drastische Zeichenhandlung zugemutet zur Charakterisierung des verdorbenen Verhältnisses zwischen Jahwe und Israel.

Tello – Terrakotta-Relief: Mann und Frau (22.-21. Jh. v. Chr.) – Paris.

... Der Herr sagte zu Hosea: Geh, nimm dir eine Kultdirne zur Frau, und (zeuge) Dirnenkinder! Denn das Land hat den Herrn verlassen und ist zur Dirne geworden. (Hos 1,2)

Mit der Frau namens Gomer, der Tochter Diblajims, hatte Hosea drei Kinder. Noch die Namen der Kinder, nicht nur ihre geächtete Abstammung, zeigen Israels Schande und Unglück an: Das erste Kind wird Jesreel („Der Gott sät") genannt. Jesreel ist in Israel aber nicht nur der Name für seine Kornkammer, die Jesreel-Ebene, sondern auch die Erinnerung an den blutigen Massenmord, den König Jehu an seinen Rivalen, den Prinzen des Königshauses verübte.
Das zweite Kind, eine Tochter, wird Lo-Ruhama („kein Erbarmen", nach andern: „keine Familiensolidarität")! genannt.
Das dritte Kind, ein Sohn, heißt: Lo-Ammi (Nicht mein Volk)!

... Denn ihr seid nicht mein Volk, und ich bin nicht der „Ich-bin-da" (= Jahwe) für euch. (Hos 1,9)

Der Prozeß (Rechtsstreit) gegen das treulose Israel

Zur weiteren, genaueren Kennzeichnung des verdorbenen Verhältnisses zwischen Jahwe und Israel führt der Prophet Hosea in einer Auftrittsszene einen Rechtsstreit (Prozeß) zwischen ihm und seinen Kindern.

(4) Verklagt eure Mutter, verklagt sie! Denn sie ist nicht meine Frau, und ich bin nicht ihr Mann.
Sie soll von ihrem Gesicht das Dirnenzeichen entfernen und von ihren Brüsten die Male des Ehebruchs.
(5) Sonst ziehe ich sie nackt aus und stelle sie hin wie am Tag ihrer Geburt;
ich mache sie der Wüste gleich, wie verdorrtes Land mache ich sie und lasse sie verdursten.
(6) Auch mit ihren Kindern habe ich kein Erbarmen; denn es sind Dirnenkinder.
(7) Ja, ihre Mutter war eine Dirne, die Frau, die sie gebar, trieb schändliche Dinge.
Sie sagte: Ich will meinen Liebhabern folgen; sie geben mir Brot und Wasser, Wolle und Leinen, Öl und Getränke.
(8) Darum versperre ich ihr den Weg mit Dornengestrüpp und verbaue ihn mit einer Mauer, so daß sie ihren Pfad nicht mehr findet.
(9) Dann rennt sie ihren Liebhabern nach, holt sie aber nicht ein. Sie sucht nach ihnen, findet sie aber nicht.
Dann wird sie sagen: Ich kehre um und gehe wieder zu meinem ersten Mann; denn damals ging es mir besser als jetzt. (Hos 2,4-9)

Die illusionslos gezeichnete Szene des Verhältnisses Israel-Jahwe bleibt nicht ohne Konsequenzen. Die Untreue Israels, das „Fremdgehen" zu seinen Liebhabern, den Baalen, bringt Gott zu Gegenmaßnahmen: Jahwe verstellt ihr den Weg zu ihren Liebhabern. Die ehebrecherische Frau reagiert ihrerseits „typisch" opportunistisch, wie sich's gerade gibt.
Sie beschließt die Rückkehr zum ersten Mann. Doch die „guten Gaben des Landes" (Korn, Wein, Öl, Wolle und Leinen, Silber und Gold) gibt es nicht mehr. Gott läßt seiner nicht spotten und einmal so, dann wieder anders mit sich machen, was die Menschen wollen. Gott muß um der Gerechtigkeit willen und um seiner Selbsttreue willen das „Fremdgehen" der Israeliten bestrafen:

(13) Ich mache all ihren Freuden ein Ende, ihren Feiern und Neumondfesten, ihren Sabbaten und den anderen festlichen Tagen.
(14) Ich verwüste ihre Reben und Feigenbäume, von denen sie sagte: Das ist mein Lohn, den mir meine Liebhaber gaben ... (Hos 2,13f.)

Der baalisierte Gottesdienst – die Vergötzung Jahwes

Die Jahwe-Heiligtümer des Landes Israel waren auch nach Auskunft des Propheten Amos, des Zeitgenossen Hoseas, überall im Land verteilt: im Süden des Landes in Beerscheba, in der Mitte in Sichem, Bet-El und Mizpa, im Südosten in Gilgal, und im Norden in Dan. Siehe Karte S. 11. Dorthin wallfahrte das Volk, auch wenn der berühmte Jahwe-Tempel, den König Salomo in Jerusalem erbaut hatte, an Glanz und Pracht alle übrigen Kultstätten überragte. Gerade deswegen hatte nach der Reichsteilung Jerobeam I., der erste König des Nordreichs, das mit 10 Stämmen sich im Gegensatz zu dem Stamm Juda (und Simeon) auch politisch „Israel" nannte, ein Gegengewicht zu Jerusalem schaffen wollen, als er die Reichsheiligtümer Bet-El und Dan errichtete.

Jerobeam ging mit sich zu Rate, ließ zwei goldene Kälber anfertigen und sagte zum Volk: Ihr seid schon zuviel nach Jerusalem hinaufgezogen. Hier ist dein Gott, Israel, der dich aus Ägypten heraufgeführt hat.
(29) Er stellte das eine Kalb in Bet-El auf, das andere brachte er nach Dan.
(1 Kön 12,28f.)

Die von Hoesa verächtlich „Kälber" genannten Stierbilder in Bet-El und Dan sowie ein nicht näher bekanntes Gottesbild in Samaria zeigen, daß in einer gewissen Phase der Jahwe-Verehrung Kult-Symbole durchaus verträglich waren mit der Gottesverehrung Jahwes, der selbst nie abgebildet wurde. Man kann sich die Symbole etwa als Postamente (Stierpodest) vorstellen, wie auch die Bundeslade und die Cheruben, die geflügelten Engelwesen im Jerusalemer Tempel, nur den Thron Jahwes darstellten. Gott selbst fassen, wie das Tempelweihge-

Der Sturmgott Hadad (8. Jh. v. Chr.) – Paris

Ischtar von Arbailum (8. Jh. v. Chr.) – Paris

bet des Salomo bekennt, „nicht einmal die Himmel der Himmel“, um wieviel weniger ein Tempelhaus oder ein Tierbild. Dennoch vermag der Israelit wie alle frommen Menschen seiner Zeit sich die göttliche Kraft symbolisch vorzustellen. In der Gestalt eines mächtigen Stieres gab sich anschaulich zu erkennen, über welche gewaltigen Zeugungs- und Lebenskräfte der Schöpfer verfügte, der dieses kraftvolle Geschöpf eines Jungstieres, die ganze Natur und auch den Menschen am Leben erhielt.

Der Sturmgott Hadad, in Kanaan Baal genannt, auf einem jungen Stier, dem Symbol der Fruchtbarkeit und Macht. Neuerdings verweist man darauf, daß nicht die Potenz und Fruchtbarkeit mit dem Stier des Gottes, sondern die Tatsache gemeint sei, daß der Gott seinen Fuß auf den Besiegten (Stier) setzt. Meistens stehen die Götter auf den zu ihnen gehörenden Tieren.

Der Louvre in Paris besitzt zwei Stelen nordsyrischer Herkunft, die in assyrischen Provinzresidenzen gefunden wurden. Auf der einen, die aus Arslan-Tasch, dem alten Chadatu, stammt, steht Hadad auf einem Stier, Blitze in den Händen.

Auf der anderen, die in Til Barsip, dem heutigen Tell Achmar, ausgegraben wurde, wird Ischtar von Arbailum, die Kriegsgöttin, von einem Löwen getragen.

Solange die Menschen nicht den wahren Gott hinter seiner Schöpfung verfehlten, war die rechte Gottesverehrung gesichert. Doch zog es viele Jahwe-Verehrer auf kürzerem Weg zu den Naturkräften hin. Ihre Wirklichkeit war den Menschen näher und einprägsamer. Vor allem, so schien es, war sie überzeugend in den Griff zu bekommen. Hatte nicht der wachsende Wohlstand erlaubt, die Tempel prunkvoller auszustatten, die Tieropfer zu verhundertfachen, am Heiligtum Bäche von Öl fließen zu lassen, ja selbst das Kostbarste, das man besaß, die Frucht des menschlichen Leibes, als Opfer in Betracht zu ziehen?

Ich sehe, wie Efraim (= Israel) seine Kinder zur Beute der Jäger macht, wie Efraim seine Söhne dem Schlächter zuführt. (Hos 9,13; vgl. Mi 6,7)

Diesen ganzen Opferbetrieb, der zu einer baalisierten Jahweverehrung verkommen ist, muß Hosea im Namen Jahwes verurteilen. Die Israeliten suchten nicht Jahwes Ehre, sondern ihre Selbstdarstellung liegt ihnen am Herzen, wenn sie einander im „Opfern" übertrumpfen.

(11) Efraim hat viele Altäre gebaut, um sich zu entsündigen, doch die Altäre sind ihm zur Sünde geworden.
(12) Ich kann ihnen noch so viele Gesetze aufschreiben, sie gelten ihnen so wenig wie die eines Fremden.
(13) Schlachtopfer lieben sie, sie opfern Fleisch und essen davon; der Herr aber hat kein Gefallen an ihnen.
Jetzt denkt er an ihre Schuld und straft sie für ihre Sünden: sie müssen zurück nach Ägypten. (Hos 8,11-13)

Wie im nächsten Abschnitt noch näher zu zeigen ist, hat Israel mit seinem Opferbetrieb die Herz-Mitte der Jahwe-Verehrung verlassen.
Jahwes Willenskundgabe zielt auf die Befolgung der Lebensweisungen der Zehn Gebote. Zu diesem Zweck wird jeder Opfergang regelrecht „unterbrochen" besser: es wird festgestellt, ob die Sinnmitte des Opfers, die rechte Gotteserkenntnis und die rechte Einstellung zum Mitmenschen beim Opfernden gegeben ist (vgl. Ex 24,7; Mt 5,23f.).
Ist dieses Erfordernis nicht eingehalten, muß der Verwerfungsbescheid erfolgen.

„Gott hat keinen Gefallen an ihnen."

Der Stiergott Apis von Memphis (4. Jh. v. Chr. Bronze 15 cm lang).

Gotteserkenntnis (Gottesrecht) und Nächstenliebe

Der Sinai

An mindestens neun Stellen* im Buch Hosea, die zweifelsfrei vom Propheten des 8. Jh. stammen, ist wörtlich von der Kenntnis oder auch Erkenntnis, die Israel von Gott hat, die Rede. Nimmt man den Gegenbegriff „(Gott) vergessen" dazu, vermehren sich die Aussagen, und es verstärkt sich der Eindruck, daß für Hosea Gotteserkenntnis ein zentraler Gedanke, eine grundlegende Wirklichkeit seines Gottesglaubens und seiner Jahwe-Überzeugung ist.
Wenn vollends deutlich wird, daß das Wort Gotteserkenntnis für Hosea gleichbedeutend wie (Gottes-)Liebe, Treue (Wahrhaftigkeit), Gesetz (Lebensweisung, Tora) ist, dann wird es unumgänglich, den ganzen Zusammenhang, der Hosea vor Augen steht, in den Blick zu nehmen, nicht nur ein bestimmtes Wort und einen bestimmten Begriff, auch wenn wie in unserer Sprache Gotteserkenntnis, Gottesliebe usw. Schlüsselwörter und Schlüsselbegriffe sind.

* 1. Hos 2,10 ... sie (= Israel) hat nicht *erkannt,* daß ich es war, der ihr das Korn und den Wein und das Öl gab ...
2. Hos 2,15 ... mich aber hat sie (= Israel) *vergessen.*
3. Hos 2,22 ... Dann wirst du (= Israel) den Herrn *erkennen.*
4. Hos 2,25 ... Lo-Ammi (= Israel) wird sagen: (Du bist) mein Gott.
5. Hos 4,1 ... Es gibt keine ... Gotteser*kenntnis* im Land
6. Hos 4,6 ... weil du (= Priester) die *Gotteserkenntnis* verworfen hast ...
7. ebd. ... Du hast die Weisung (= Tora) deines Gottes *vergessen.*
8. Hos 6,3 ... Laßt uns (= die Israeliten) streben nach *Erkenntnis,* nach der Erkenntnis des Herrn.
9. Hos 6,6 ... Liebe will ich (= Gott), nicht Schlachtopfer, *Gotteserkenntnis* statt Brandopfer.
10. Hos 8,2 ... Wir, Israel, *kennen* dich (= Gott) doch.
11. Hos 8,14 ... Israel hat seinen Schöpfer *vergessen* (redaktionell)
12. Hos 11,3 ... Sie aber haben *nicht erkannt,* daß *ich* sie heilen wollte.
13. Hos 13,4 ... du (= Israel) sollst keinen anderen Gott *kennen* als mich.
14. Hos 13,6 ... darum *vergaßen* sie mich.

Der ganze Zusammenhang, den uns Hosea vor Augen führt, bildet in der Tat das **Grundmodell** der Jahweoffenbarung in Israel (Deissler).
Was ist damit näherhin gemeint? Gemeint ist das Urbekenntnis Israels, daß Gott das Volk der Israeliten aus Ägypten, dem Sklavenhaus, herausgeführt hat (Exodus-Credo).
Wenn in Israel die Kenntnis von Gott zu finden ist, dann ist sie nur auf diese Weise, eben als die Erfahrung des Befreiergottes Jahwe gegenwärtig. Von Jahwes wirksamer Hilfe zu reden, das schafft Jahwe-Kenntnis und damit Gotteserkenntnis.
Jahwe tauscht aber seine Bereitschaft, für die Menschen dazusein, niemals gegen eine furchterregende Göttergestalt aus, auch nicht gegen eine Wirklichkeit, die man im orgiastischen Rausch sexueller Praktiken erfährt, und nicht gegen einen Sinnestaumel angeblich göttlicher Begeisterung und Verzückung.
In dieser Hinsicht bleibt der Jahweglaube äußerst nüchtern. An Jahwe zu glauben, ihn zu „erkennen" und mit allen Kräften zu lieben bedeutet nicht, sich in Gott zu versenken und „mystisch" in ihm gleich einem Meer voller Seligkeiten zu versinken; an Jahwe glauben, ihn zu erkennen heißt vielmehr, Jahwe und den Mitmenschen, den Nächsten „innewerden", ihn respektieren und ihn nicht in einer schrankenlosen Selbstverwirklichung hintansetzen. Die Solidarität unter den Menschen erhält im Jahweglauben den Vorzug vor der Individualität des Menschen.
Die menschliche Individualität wird nicht geleugnet, doch ist sie doppelt bezogen (relationiert), nicht freischwebend; und sie kann sich nicht allein Auf Gott als ihren letzten Grund beziehen (vertikal), sondern die Individualität des Menschen ist unauflöslich auch in die zwischenmenschliche Beziehung eingebunden (horizontal).
Man wird sich fragen, wie sich Hosea dazu verstehen konnte, seinen Volksgenossen diese Grundregeln menschlicher Existenz vor Gott gleichsam unbeugsam einzuhämmern. Will man darauf eine Antwort, braucht man nicht lange zu suchen. Das Lebensgesetz der Jahweerkenntnis war und bleibt die ungeschuldete Hilfe Gottes, die jedem menschlichen Tun vorausläuft und vorauslaufen will. So bekannte es Israel von Anfang an in seinem Exodus-Credo.
Hosea muß dieses Credo nicht erst erfinden. Der Mensch, der einer Gotteserkenntnis teilhaftig wird, erfährt, daß Gott immer schon den Menschen Heil widerfahren ließ. Weil das so ist, kann Gott auch Weisung, Anweisung (Gebote) geben. In Israel ist beides Lehre, Weisung, Gottesliebe (Tora):
- der Aufweis, daß Jahwe Heil wirkte und uns ins Heil gestellt hat,
- wie auch die freiheitliche Lebensweisung, die ein Verbleiben in der gottgeschenkten Freiheit sichern will (vgl. die Zehn Gebote).

Dieser unauflöslicher Zusammenhang zwischen Gotteserkenntnis und der Achtung vor der Menschenwürde des Nächsten (Nächstenliebe) zeigt sich in unheimlicher Logik. Schwindet nämlich, wie Hosea feststellen muß, die Gotteserkenntnis im Land, dann machen sich Fluchen, Betrügen, Morden, Stehlen und Ehebrechen breit, und eine Bluttat reiht sich an die andere.

Hört das Wort des Herrn, ihr Söhne Israels! Denn der Herr erhebt Klage gegen die Bewohner des Landes: Es gibt keine Treue und keine Liebe und keine Gotteserkenntnis im Land.
(2) Nein, Fluch und Betrug, Mord, Diebstahl und Ehebruch machen sich breit, Bluttat reiht sich an Bluttat. (Hos 4,1f.)

Den Vorrang der Zuwendung zum Nächsten vor der einseitigen Opferfrömmigkeit stellt Hosea klar heraus:

Liebe will ich, nicht Schlachtopfer,
Gotteserkenntnis statt Brandopfer.
(Hos 6,6)

In der Bergpredigt hat Jesus Christus das nicht anders gesehen:

(23) Wenn du deine Opfergabe zum Altar bringst und dir dabei einfällt, daß dein Bruder etwas gegen dich hat, (24) so laß deine Gabe dort vor dem Altar liegen; geh und versöhne dich zuerst mit deinem Bruder, dann komm und opfere deine Gabe.
(Mt 5,23f.)

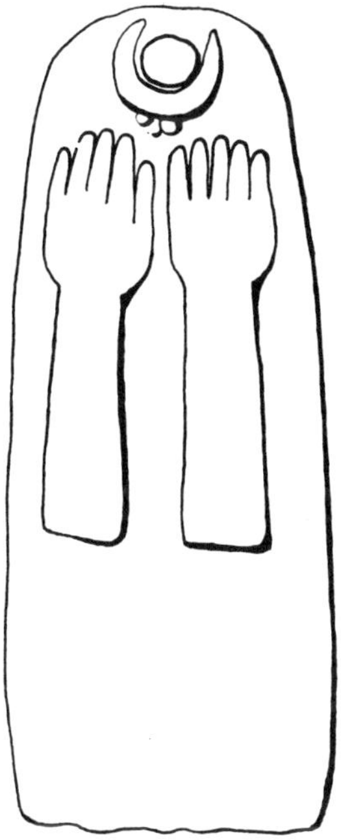

Zu dir, Jahwe, rufe ich, mein Fels, wende dich nicht schweigend von mir ab, so daß du vor mir verstummst und ich zu denen gezählt werde, die zur Grube hinabfahren, höre mein lautes Flehen, wenn ich zu dir schreie, wenn ich meine Hände ausstrecke zu deiner heiligen Zella. (Ps 28,2f.; vgl. 88,10; 143,6).

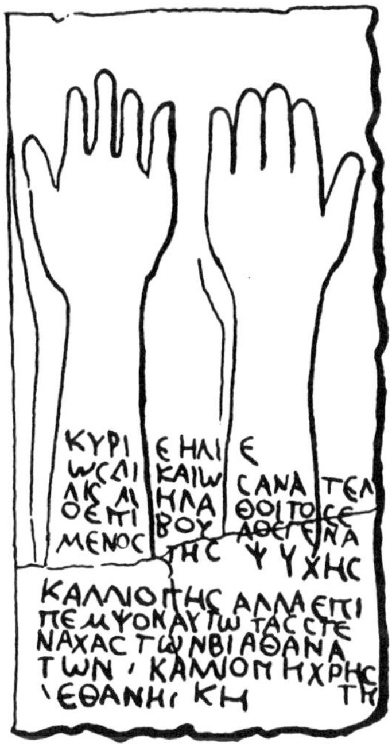

Die Inschrift lautet: „Herr Helios (= Sonnengott), da du als einer, der Recht schafft, aufgehst, soll dir jener nicht entrinnen, der Kalliope hinterlistig nachgestellt hat, nein, sende ihm die Seufzer derer, die durch Gewalt um ihr Leben gekommen sind, Kalliope, die edle, starb mit 28."

Hosea macht im Namen Gottes nicht in erster Linie das einfache Volk dafür verantwortlich, daß diese Zustände eingerissen sind, sondern diejenigen, die die Gotteserkenntnis „von Amts wegen" besitzen, die Priester (und Religionslehrer!) in Israel. Zweifellos ging die Priesterschaft den bequemeren Weg und redete dem Volk nach dem Mund. Dabei hatten die Priester ihren wohlverstandenen Vorteil im Auge, d.h. ihren Anteil an den vermehrten Opfergaben und überhaupt an den Abgaben am Heiligtum. Von ihren sexuellen Praktiken ganz zu schweigen (vgl. S. 37f.). Hosea hat für solch eine Priesterschaft nur das Verdammungsurteil bereit.

(9) Darum wird es dem Priester ergehen wie dem Volk: Ich bestrafe ihn für sein Verhalten, seine Taten vergelte ich ihm.
(10) Sie werden zwar essen, doch sie werden nicht satt, sie treiben Unzucht, aber sie vermehren sich nicht. (Hos 4,9f.)

Wie die Priesterschaft, so werden auch die führenden Kreise in Israel verurteilt, denn ihr Tun wird von Hosea folgendermaßen charakterisiert:

(4) Sprüche machen, Meineide schwören, Bündnisse schließen; und die Rechtsprechung wuchert wie in den Ackerfurchen das giftige Unkraut.
(Hos 10,4)

Die Folgen der Unordnung und Rechtlosigkeit sind an der Tagesordnung:

(1) ... Denn was sie (die Israeliten) tun, ist Betrug: Der Dieb bricht in die Häuser ein, auf der Straße plündern die Banden.
(2) Sie bedenken nicht, daß ich all ihr böses Tun im Gedächtnis behalte. Jetzt werden sie umringt von ihren Taten, die mir vor Augen stehen. (Hos 7,1f.)

Israels „schwindsüchtige“ Buße (Umkehr)

Ein der Jahwe-Erkenntnis entsprechender Gedanke ist bei Hosea (und später beim Propheten Jeremia) die Formulierung „Jahwe suchen“ (Hos 5,6; 6,15; 7,10) oder „nach Jahwe fragen“ bzw. „zu Jahwe rufen“ (Hos 7,7).
Leider geht Israel, wie Hosea feststellen muß, nur kurzzeitig und flüchtig auf Jahwe-Suche und damit in die Umkehr (Buße). Mit Israels Ernst der Umkehr (Buße) ist es nicht weit her:

(4) … Eure Liebe ist wie eine Wolke am Morgen und wie der Tau, der bald vergeht. (Hos 6,4)

(6) Sie werden ausziehen mit ihren Schafen und Rindern, um den Herrn zu suchen, doch sie werden ihn nicht finden, er zieht sich vor ihnen zurück.
(7) Sie haben dem Herrn die Treue gebrochen, sie haben Bastarde geboren. Nun frißt ein glühender Wind ihren ererbten Besitz. (Hos 5,6f.)

Hosea mischt sich in die Politik ein

Moderne Menschen, die die Epoche der Aufklärung (Säkularisation) seit bald 300 Jahren wie selbstverständlich akzeptieren und die jede Einmischung der Religion ins politische Geschäft anstößig finden, werden nicht rasch einen Zugang zu den Teilen der Prophetie des Hosea bekommen, die auf die Politik im damaligen Israel zielen.

Und doch leuchtet ohne weiteres ein, daß dem politischen Treiben, den üblen Machenschaften einer Wohlstands- und im gewissen Sinn Überflußgesellschaft die Stirn geboten werden muß.

Wenn es damals keine demokratischen Parteien gab, die ja immer auch Oppositionsparteien sind, wenn die Gewaltenteilung (die unabhängig rechtsprechende, die gesetzgebende und die regierende) noch nicht funktionierte, dann mußte gleichwohl ein Anwalt seine Stimme erheben können gegen das allenthalben frech und gottvergessen praktizierte Unrecht.

Die frühkapitalistisch zu nennenden Zustände unter König Jerobeam II. (782-747 v. Chr.) und seinen Nachfolgern hatten mehr als ein halbes Jahrhundert lang für Wohlstand und Luxus der Oberschicht gesorgt. Kanaanäische Wirtschaftsverhältnisse, kanaanäisches Boden- und Besitzrecht verdrängten ein Denken und Handeln nach dem angestammten alten israelitischen Boden- und Besitzrecht. Wo der soziale Abstieg eines Großteils israelitischer Bauern nicht schnell genug ging, konnte nachgeholfen werden.

Das „Bauernlegen" erscheint bei Hosea zwar nicht im einzelnen, wenn er Klage führt (vgl. aber Hos 10,4), doch sind uns die tatsächlich bestehenden Unrechtsverhältnisse in Israel durch Hoseas Zeitgenossen, den Propheten Amos bekannt.

Hosea nimmt sowohl die nationale als auch die internationale Politik, die Israel betreibt, ins Visier und geht mit ihr ins Gericht.

Innenpolitisch wuchs in der 40-jährigen Regierungszeit Jerobeams II. ein moralisch übel und skrupellos agierender Hofadel heran. Jerobeams Sohn Secharja fand nach kurzer Regierungszeit den Tod in einer Palastrevolte, die einen gewissen Schallum, Sohn des Jabesch, auf den Thron brachte. Schallum endete nach einem Monat durch Mord, und Menahem, Sohn des Gadi, übernahm als König die Staatsleitung.

Sein Sohn Pekachja war der letzte Kronprinz, der seinem Vater in der Regierung folgte. Die anderen zwei Könige beseitigten erst einmal durch Mord ihren Vorgänger, um wie im Fall Pekach, dasselbe Schicksal zu erleiden.

Adjutant Pekach, Sohn des Remalja, ermordete Pekachja und wurde König. Hoschea ben Ela ermordete Pekach und wurde 731 v. Chr. König an seiner Stelle. Innerhalb von 15 Jahren geschahen also vier Thronrevolten.

Man hat diesen Hofadel, zu dem auch die Palastgarde und die Truppenführer des Heeres zählten, treffend als „Königsmacher und Königsmörder" bezeichnet.

In die internationale Politik war Israel eingespannt aufgrund seiner geografischen Lage, wegen seiner wirtschaftlichen Stärke und seines politischen Einflusses.

Gegen die erstarkende Großmacht Assyrien – Tiglat-Pileser III. war 734 v. Chr. mit einem Heer entlang der Mittelmeerküste bis Gaza und den „Bach Ägyptens" vorgerückt – war eine Koalition von Mittelstaaten zustande gekommen. Die Hauptbetreiber waren die Aramäer (Syrien) unter Rezin von Damaskus und Israel unter Pekach.

Der damalige judäische König Achas (734-728 v. Chr.) widersetzte sich der Einbeziehung in die syrisch-ephrämitische Koalition und vertraute lieber auf den assyrischen Großkönig (in der Bibel Pul genannt).

Im sog. syrisch-ephrämitischen Krieg (734 v. Chr.), der von der Koalition daraufhin gegen das Südreich Juda geführt wurde, verlor die Koalition, weil die Assyrer Entsatz schafften. Sie nahmen auf dem Rückmarsch Damaskus ein und ließen von Israel 732 v. Chr. nur noch einen Rumpfstaat übrig ohne das Ostjordanland, ohne die Jesreel-Ebene und ohne Galiläa. Samaria wird erneut tributpflichtig, wie auch schon früher König

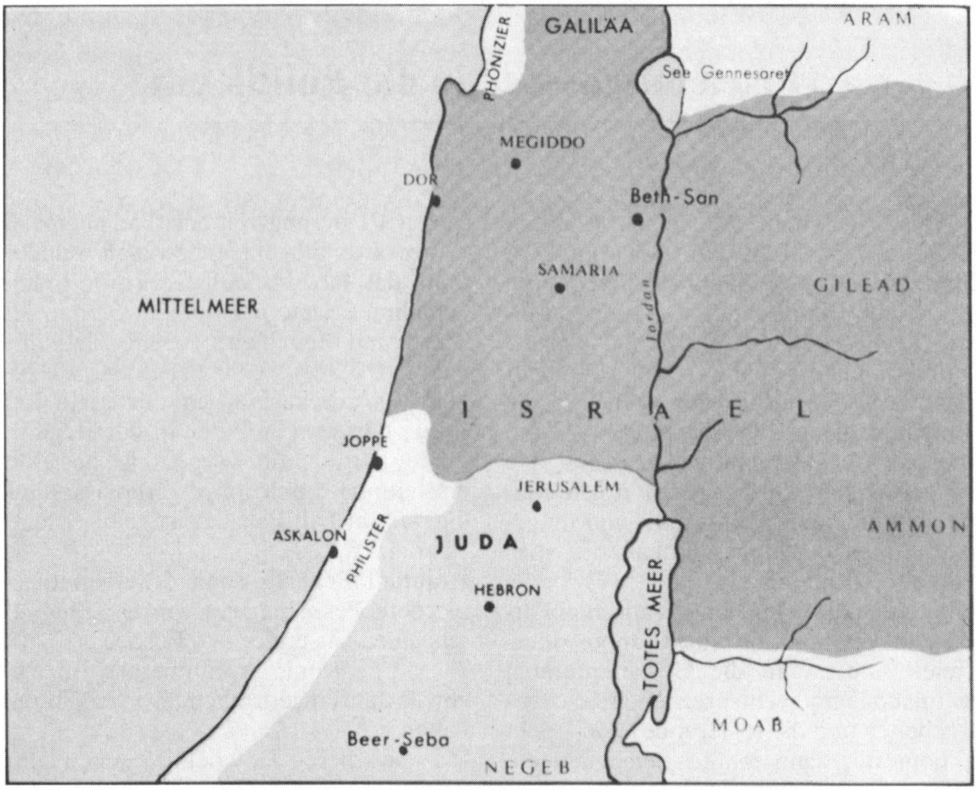

Israel und Juda im 8. Jahrhundert, zur Zeit der assyrischen Eroberung.

Assur als Großmacht (800-625 v. Chr.).

Menahem und auch der Südreichkönig Achas Tributzahlungen an Assur geleistet hatten.
Die westliche Großmacht Ägypten blieb für die Gegenpartei am Hof zu Samaria stets ein Anziehungspunkt, und sie sorgte auch für die Parteiungen.
Die Anhänger einer pro-ägyptischen Politik werden von Hosea aber ebenso verworfen wie die pro-assyrische Partei. Hosea sieht das Unglück für Israel darin, daß es seine Hoffnung ausschließlich auf die Bündnispolitik setzt. Daß moralisch-sittliche Elemente, besonders das Vertrauen auf die Führung Jahwes der Beweggrund sind, der die Geschichte Israels gelingen oder mißlingen läßt, das ist eben der springende Punkt in der Botschaft Hoseas, die er auszurichten hat.
Hosea prophezeit den Untergang Israels,

Tributzahlung 841 v. Chr.
„Jehu, der Sohn Omris“ wirft sich vor dem Assyrerkönig Salmanassar III. in Gegenwart assyrischer Diener und eines Beamten nieder.

weil die Unrechtsverhältnisse und die Gottvergessenheit im eigenen Land nicht durch glückloses Paktieren mit der einen oder anderen ausländischen Macht aus der Welt zu schaffen sind. Im Gegenteil: diese ausländischen Mächte werden der Erfüllungsgehilfe der Strafaktion Jahwes sein. Zum Großkönig nach Assur laufen bringt nichts. Der Assyrer kommt selbst und hält Gericht.
Nach Ägypten laufen bringt denen, die es tun, nur ein, daß sie vor Assur flüchten und sich nach Ägypten absetzen müssen:

... Ägypten sammelt sie ein, Memfis begräbt sie. (Hos 9,6)

Die Königsmacher und Königsmörder

(3) In ihrer Schlechtigkeit erheitern sie den König, in ihrer Falschheit seine Fürsten.
(4) Sie alle sind Ehebrecher. Sie sind wie ein angeheizter Backofen, dessen Feuer der Bäcker nicht mehr schürt, wenn er den Teig knetet und ihn aufgehen läßt.
(5) Am „Tag unseres Königs" machen sie die Fürsten schwach mit der Glut des Weins, dessen Kraft die Wortführer umwirft.*
(6) Ja, hinterhältig nähern sie sich, mit einem Herzen, das wie der Backofen glüht: Die ganze Nacht über schläft ihr Zorn, am Morgen aber entbrennt er wie ein loderndes Feuer.
(7) Sie alle glühen wie ein Backofen; sie fressen ihre Regenten. Alle ihre Könige stürzen; doch zu mir ruft keiner von ihnen.
(Hos 7,3-7)

* Vgl. „Kaisers Geburtstag".

Die verfehlte internationale Politik

(8) Efraim (= Israel) läßt sich unter die Völker verrühren, Efraim ist ein Brot, das man beim Backen nicht wendet.
(9) Fremde zehren an seiner Kraft, ohne daß er (= Israel) es merkt. Auch werden seine Haare grau, ohne daß er es merkt.
(10) Sein eigener Hochmut klagt Israel an; doch es kehrt nicht um zum Herrn, seinem Gott, und sucht ihn trotz alledem nicht.
(11) Efraim ist wie eine Taube, leicht zu betören, ohne Verstand. Sie rufen Ägypten zu Hilfe und laufen nach Assur.
(12) Während sie laufen, werfe ich (= Gott) mein Netz über sie, ich hole sie herunter wie die Vögel des Himmels; sobald ihr Schwarm sich hören läßt, fange ich sie. (Hos 7,8-12)

(8) Israel ist schon verschlungen. Jetzt gilt es im Kreis der Völker als wertloses Zeug.
(9) Denn Israel ist nach Assur gelaufen. Ein Wildesel bleibt für sich allein; Efraim aber macht Liebesgeschenke.
(10) Auch wenn sie sich unter den Völkern preisgeben, treibe ich sie jetzt zusammen; schon bald sollen sie sich krümmen unter der Last des Königs der Fürsten (= der assyrische Großkönig). (Hos 8,8-10)

Der von Hosea prophezeite Untergang Israels trat im Jahre 722 ein. Während der König Hoschea ben Ela drei Jahre früher von den Assyrern gefangengesetzt wurde – er war abgefallen und wollte es mit Ägypten halten –, hielt sich der Rumpfstaat Israel noch diese wenigen Jahre, bis ihm der assyrische Großkönig Sargon II. schließlich das Ende bereitete. Die Bevölkerung wurde nach Assur ins Exil verschleppt; fremdstämmige Ansiedler, Leute, die auch andere Götter hatten, nahmen Israels Land und Platz ein, so wollte es die Politik des Eroberers (vgl. 2 Kön 15-17).

„Denn ich bin Gott, nicht ein Mensch – der Heilige in deiner Mitte“

Im Unterschied zum „Nein“ des Propheten Amos offenbart der Prophet Hosea einen Zug am Wesen Gottes, der trotz allem „Fremdgehen“ der Menschen ein „Ja“ Gottes zum sündigen Menschen darstellt.
Wie ist das möglich? Man wird sich diese an sich unbegreifliche Wirklichkeit Gottes nur mit seiner völligen Andersartigkeit, letztlich mit dem Geheimnis Gottes selbst erklären dürfen. Ein Geheimnis ist ja nicht so beschaffen, daß es überhaupt nichts offenbart und alles im Dunkeln läßt, sondern daß es sich teilweise enthüllt und die Sachverhalte aufdeckt, jedoch nicht alles; möglicherweise ist uns nach wie vor dabei die Hauptsache verschlossen.
Man wird die Einsicht gewinnen, daß Gott, wie Hosea ihn sichtbar werden läßt, zwar das böse Tun der Menschen, womit sie Jahwe gleicherweise verfehlen und mißachten wie die Mitmenschen, absolut verurteilt. Aber Gott verurteilt letztlich nicht die Menschen. Diese Unterscheidung hilft in gewissem Sinn weiter und gibt den Blick frei für die größere Wirklichkeit, die sich hinter dem von den Menschen erfaßbaren Gott verbirgt.
Gott wirbt nach wie vor um die Menschen; auch wenn sie abspenstig sind. Etwas von diesem paradoxen und unbegreiflichen Wesen Gottes ist bereits in der totalen Ablehnung von Fruchtbarkeitsriten angelegt. Könnten diese Riten nicht Sinnbilder der Inbrunst und sogar Ehr-furcht vor der Zeugungskraft, der Lebenskraft überhaupt sein? Eine Lebenskraft, die alle Natur, selbst die Götter durchwaltet?
Gott lehnt dieses Zutrauen, das die Menschen in die Naturkräfte haben, deswegen als Aberglaube ab, weil dieser Glaube den Dingen eine Kraft, d.h. die göttliche Kraft zuschreibt, die sie nicht besitzen. Der Mensch vergötzt mit einem solchen Tun die Dinge „unterhalb“ von Gott.

... wer sind Israel und das Kalb? Ein Handwerker hat das Kalb gemacht, und es ist kein Gott. (Hos 8,6)

Das darf nicht so plump verstanden werden, als wüßte Hosea nicht, daß das „Kalb“ (das Stierbild) als ein Symbol aufgefaßt wurde. Doch Hosea bleibt unerbittlich. Imgrunde schimmert hier durch, daß Gott in Wirklichkeit noch etwas weit Größeres anzubieten hat, wenn der Mensch ihn nur ausschließlich sucht und nicht die Gott-Ersatze mit Gott vertauscht oder verwechselt, worunter besonders die Eigensüchte und die zurechtgezimmerten Gottesbilder aller Art zählen.
Das Paradox besteht nun darin, daß die geschlechtliche Zuneigung in ihrer bewahrenden Gestalt, die sie in der Ehe hat, durchaus zum **Sinnbild** der Zuneigung Jahwes zu Israel wird. Die ausschließliche, treue Bindung bietet Gott seinem ehebrecherischen Israel an. Was in der Zeit vor Hosea niemals ins Wort gehoben wurde, das geschieht jetzt, geradezu als **Heilung** der im Ehebruch mit den Baalen tausendfach verletzten Bindung Jahwes an Israel.
Der Bund zwischen Jahwe und Israel wird unter dem Symbol des Ehebundes begriffen. Eine innigere Bindung ist der Natur nach nirgends erfaßbar. Die natürliche Bindung zwischen Mann und Frau kann so in der Tat als das getreueste Abbild einer Bindung zwischen Gott und den Menschen gelten. Freilich muß beachtet werden, daß die Bildsprache vorwaltet und daß Gott von sich aus tätig wird.
Die Bindung selbst beruht auf Verhalten wie Gerechtigkeit und Recht, Liebe und Erbarmen, den Signalwörtern für die Gottes- und Menschenbeziehung (vgl. Hos 2,21-22 und den folgenden Abschnitt: Der neue Bund S. 53).
Wann wird dies geschehen? Immer im Gegenzug zum Untergang Israels! Der Prophet läßt keinen Zweifel daran – seine Katastrophen-Gesichte sind jedenfalls überall durchsetzt von Hoffnungslichtern. Aber nicht nur die kurze Zeitspanne des derzeitigen Fremdgehens nimmt Hosea in den Blick, sondern die ganze Heilsgeschichte Israels, wie sie sich von Anfang an ereignet hat – und so muß man folgern, wie sie durch Jahwes

erbarmendes Eingreifen weitergehen wird bis in die fernste Zukunft, d.h. bis zur Vollendung der Welt.

(1) Als Israel jung war, gewann ich ihn lieb, ich rief meinen Sohn aus Ägypten.
(2) Je mehr ich sie rief, desto mehr liefen sie von mir weg. Sie opferten den Baalen und brachten den Götterbildern Rauchopfer dar.
(3) Ich war es, der Efraim (= Israel) gehen lehrte, ich nahm ihn auf meine Arme. Sie aber haben nicht erkannt, daß ich sie heilen wollte.
(4) Mit menschlichen Fesseln zog ich sie an mich, mit den Ketten der Liebe. Ich war da für sie wie die (Eltern), die den Säugling an ihre Wangen heben. Ich neigte mich ihm zu und gab ihm zu essen.
(5) Doch er muß wieder zurück nach Ägypten, Assur wird sein König sein ...
(Hos 11,1-5)

Nach diesem mit unheimlicher Konsequenz eintretenden selbstgewählten Unglück, in das Israel stürzt, tritt Gott auf den Plan.

(8) Wie könnte ich dich preisgeben, Efraim, (= Israel) wie dich aufgeben, Israel? ... Mein Herz wendet sich gegen mich, mein Mitleid lodert auf.
(9) Ich will meinen glühenden Zorn nicht vollstrecken und Efraim nicht noch einmal vernichten. Denn ich bin Gott, nicht ein Mensch, der Heilige in deiner Mitte ...
(Hos 11,8f.)

Mit dem „nicht noch einmal vernichten" hat Hosea jedenfalls eine Katastrophe im Auge, die sich vor seinen Augen ereignet hat, möglicherweise die Teildeportation Israels durch Tiglat-Pileser III. im Jahre 732 v. Chr. Daß Hosea aber trotz allen Unheilsworten, die er ausrichten muß, und mit denen er das Geschick seines Volkes über viele Jahre begleitet, nicht in stummer Verzweiflung verharrt, sondern auch die Heilsbotschaft vom neuen Ehebund Jahwes mit Israel formuliert, verdankt er dem offenbarenden Einblick, den Gott ihm und damit uns in Gottes Wesen gewährt hat.

Der neue Bund

Das bundesbrüchige Israel

Die Botschaft des Hosea durchzieht vom ersten bis zum letzten Kapitel die grundlegende Auskunft, daß Israel den Bund mit Jahwe gebrochen hat.
Man muß aber genauer zusehen: Jahwe hat seinerseits aufgrund des bundesbrüchigen Verhaltens von Israel den (Ehe-)Bund mit seinem Volk gelöst. Jahwe nennt Israel Nicht-mein-Volk (Lo-Ammi). Denn so muß auf Anordnung Jahwes Hosea sein drittes Kind, das er mit der Dirne Gomer hat, nennen.
Aus der Bildsprache in die reale Situation übersetzt heißt dies, Jahwe hat wie ein Eheherr (baal) im alten Orient gehandelt. Aus den Heiratsbräuchen der damaligen Zeit wissen wir, daß ein Ehebund durchaus – nach modernem Verständnis – einseitig, d.h. ganz vom Eheherrn her zustande kommt und auch von ihm wieder gelöst werden kann. Der Eheherr erklärt vor Zeugen seiner Frau gegenüber: Ich nehme dich zu meiner Frau. Damit kommt das Ehebündnis zustand. Die Auflösung kann nicht ohne Gründe geschehen. Ein Ehebruch seitens der Frau ist im Alten Orient gewiß ein solcher Grund.
Um den Grund zu erfassen, warum Gott sein Verhältnis zu Israel löst, können wir uns aber nicht weiter an altorientalische Ehebräuche halten. Die Bildsprache, die Hosea wählt, hat zwar durchaus vieles mit der Wirklichkeit eines Bündnisses zu tun. Die Festigkeit, die Zuverlässigkeit und gegenseitige Treue im Verhalten der Bundespartner sind in der Tat für jedes Bündnis, für jeden Bund erfordert.
Hält man sich nun an Hosea selbst, dann wird seine Bildsprache alsbald realistisch, und Hosea zeigt genau, welches der Grund ist, warum Gott seinen Bund mit Israel als gebrochen erklären muß.

... Weil sie (= Israel) meinen Bund nicht halten und meine Weisung (Einheitsübersetzung: Gesetz = tora) mißachten. (Hos 8,1)

Die Verachtung der Weisung, der Lebensweisungen ist also der Grund, warum der Bund zwischen Jahwe und Israel zerbrochen ist.
Wenn Hosea diese Tatsachen Israel vor Augen führt, dann versteht er sich nicht als Neuerer. Seit den Tagen der Erwählung, die Israel in Ägypten erfuhr (Hos 11,1), seit der Zeit, als Israel in der Wüste war und Jahwe es dort gleichsam aufgelesen hatte, *„wie man Trauben findet in der Wüste“* (Hos 9,10), besaß Israel die Tora, die Lebensweisung, daß sein Gott es rettet. Dies nennt man Israels Gotteskenntnis, Gotteserkenntnis (Hos 4,1; 4,6).
Zu den Rettungs- oder Heilstaten rechnet man in Israel aber gleichfalls die Gabe der Tora, d.h. die Gabe der Lebensweisung zu einem freiheitlichen Leben. Das Stichwort „Sinai“ fällt zwar bei Hosea nicht ausdrücklich.
Man hat daraus den Schluß zu ziehen versucht, das Ereignis des Dekalogs sei Hosea nicht gegenwärtig oder auch: Hosea kenne das Exodus-Credo noch ohne den Sinai. Man kann aber unmöglich jene dekaloghaltigen Sätze und Stichwörter übersehen (Hos 4,2), die sich in einer späteren Ausformulierung genau als die Weisungen der sog. zweiten Mosaischen Tafel entpuppen und dies in Verbindung mit der ersten Mosaischen Tafel: der Gotteserkenntnis!
Zum Bund zwischen Jahwe und Israel gehört also notwendig die Tora. Die Menge der Tora-Weisungen Jahwes hat Israel vertauscht gegen die Menge von Opferaltären.

(11) Efraim (= Israel) hat viele Altäre gebaut, um sich zu entsündigen, doch die Altäre sind ihm zur Sünde geworden.
(12) Ich (= Gott) kann ihnen noch so viele Gesetze (= Weisungen) aufschreiben, sie gelten ihnen so wenig wie die eines Fremden. (Hos 8,11f.)

Aus Tora/Weisung erfließt Gotteserkenntnis, der für Hosea handlungsleitende Begriff schlechthin (Koch).

Ebenso erfließt aus Gotteserkenntnis eine freiheitliche Ethik, d.h. wer Gott erkennt, vermeidet Fluch und Betrug, Mord, Diebstahl und Ehebruch, jegliche Bluttat usw. (Hos 4,2). Er vermeidet aber auch „unsinniges Schlachten von Opfertieren und jede Vergötzung Jahwes, die ihn in Stierbilder und geschlechtliche Aktivitäten hinabzieht" (Koch). Die Gott gegenüber angezeigte Verbundenheit und Bundestreue (häsäd) ist die gleiche Verbundenheit und Bundestreue den Mitmenschen gegenüber. Sie ist also die gemeinschaftsgerechte Verbundenheit, wie sie die ausgegrenzten Verhaltensweisen der zweiten Mosaischen Tafel negativ markieren: Nicht morden, nicht ehebrechen usw. Hosea dokumentiert an vielen Stellen, daß diese genannten bundesgerechten Verhaltensweisen in Israel zusammengebrochen sind und daraufhin Gott erklärt, daß sein Bund mit Israel gebrochen ist. Die Versicherung, daß Israel „nach Ägypten" (Hos 8,13; 9,3; 11,5) bzw. nach Assur (Hos 9,3; 11,5) zurück muß, will nicht nur wörtlich, d.h. räumlich verstanden werden, sondern es ist damit auch gemeint, daß Israel seine Freiheit verliert und erneut versklavt wird; es herrschen die „ägyptischen Zustände" bereits im eigenen Land.

Der bundeswillige Gott

Als es mit der Residenzstadt Samaria 722 zu Ende geht – der Belagerungsring um die Stadt hatte nach drei Jahren seine Wirkung getan, der Widerstand dieses letzten Bollwerks in Israel war gebrochen, Assur gab Israel den Todesstoß –, da taucht eine völlig neue Prophetie des Hosea auf.
Zwar hatte Hosea bisher in jeder Anklage und in jedem Schuldaufweis die Konsequenzen nicht ausgespart: Israel rennt ins Verderben. Aber es war doch auf diesem dunklen Untergrund wie auf einer Negativfolie auch das richtige Gottesverhältnis, das glückende Zusammenleben Israels mit seinem Gott und der Menschen untereinander gezeichnet. In Israel freilich schien die Kraft zu einer echten Gottes- und Menschengemeinschaft geschwunden und erloschen. Die Untaten legten sich wie giftige Schwaden über das Land, an denen alles erstickte, Hüllen des Unheils, wie sie aufgefaßt wurden. Umso überraschender klingen diese neuen Töne jenseits der Katastrophe, die Hosea im Namen Jahwes verkündet.

(5) Ich will ihre Untreue heilen und sie aus lauter Großmut wieder lieben. Denn mein Zorn hat sich von Israel abgewandt.
(6) Ich werde für Israel dasein wie der Tau, damit es aufblüht wie eine Lilie und Wurzeln schlägt wie der Libanon.
(7) Seine Zweige sollen sich ausbreiten, seine Pracht soll der Pracht des Ölbaums gleichen und sein Duft dem Duft des Libanon.
(8) Sie werden wieder in meinem Schatten wohnen; sie bauen Getreide an und gedeihen wie die Reben, deren Wein so berühmt ist wie der Wein vom Libanon.
(9) Was hat Efraim (= Israel) noch mit den Götzen zu tun? Ich, ja, ich erhöre ihn, ich schaue nach ihm. Ich bin wie der grünende Wacholder, an mir findest du reiche Frucht. (Hos 14,5-9)

In diesem prophetischen Heilswort ist Jahwe in der Tat der Geber aller Naturgaben, und nicht die Baale, wie Hosea schon früher feststellt, daß Jahwe Korn und Wein, Öl, Wolle und Leinen, Silber und Gold gab (Hos 2,10ff.).
Ist damals Israel auf das Locken Jahwes nicht eingegangen, so tut diesmal Jahwe selbst den ersten Schritt. Er ergreift die Initiative und schließt mit Israel einen neuen Bund. Wie der Tau alles belebt, so bringt Jahwe Leben in das tote Israel – ein wahrhaftiges Osterleuchten.

Ich schließe für Israel an jenem Tag einen Bund mit den Tieren des Feldes und den Vögeln des Himmels und mit allem, was auf Erden kriecht. Ich zerbreche Bogen und Schwert, es gibt keinen Krieg mehr im Land, ich lasse sie Ruhe und Sicherheit finden.
(Hos 2,20)

Er beendet die Kriege bis an die Grenzen der Erde. Den Bogen zerbricht er, zerschlägt die Lanze, die Wagen verbrennt er im Feuer.
(Ps 46,10)

Die Ehe-Symbolik Jahwe-Israel trägt nun voll aus, was bisher nur durch die Zerrbilder und die Zeichenhandlungen des Propheten geschildert war: Jahwe ist wirklich der Gatte Israels.

(21) Ich traue dich mir an auf ewig; ich traue dich mir an um den Brautpreis von Gerechtigkeit und Recht, von Liebe und Erbarmen,
(22) ich traue dich mir an um den Brautpreis meiner Treue: Dann wirst du den Herrn erkennen. (Hos 2,21-22)

Der Brautpreis, der vom Bräutigam aufgebracht werden muß und der von ihm den Eltern der Braut übergeben wird, ist in den Kulturen des Altertums überhaupt erst der Nachweis, daß ein Mann „gesellschaftsfähig" ist und wirtschaftlich in der Lage ist, eine Familie zu gründen.
In der Bildrede des Hosea bringt Jahwe den Brautpreis auf, der realiter aus Gerechtigkeit und Recht, Liebe und Erbarmen, aus Jahwes Treue und aus Gotteserkenntnis besteht (vgl. Hos 6,6 oben S. 44); mit anderen Worten: Jahwe verschafft Israel alles dies; er bringt es auf, damit es da ist und damit es Israel zur Verfügung hat. Für unsere Zeit, die eine neue Aufmerksamkeit gegenüber der Welt und der Natur und ihrem heilvollen Wirken entwickelt hat, ist noch besonders bedeutsam die ganze Kette, mit der der neue Bund abgesichert wird:

(23) … Ich (= Jahwe) will den Himmel erhören, und der Himmel wird die Erde erhören,
(24) und die Erde erhört das Korn, den Wein und das Öl, und diese erhören Jesreel.
(Hos 2,23-24)

Die Gotteserkenntnis der Zukunft schließt auch ein, daß die Entfremdung zwischen Menschen und Natur aufgehoben ist. Gott leitet über das Zusammenspiel von Naturgrößen (vgl. Ökologie) die Geschicke der Menschen („Jesreel" ist der Name des ersten Kindes von Hosea und Gomer).
Der Mensch hat von Gott die Erkenntnis dieses Zusammenspiels anvertraut bekommen.

DER PROPHET JESAJA

Zur Einführung

Der Prophet Jesaja trat in der zweiten Hälfte des 8. Jh. v. Chr. in Jerusalem, der Hauptstadt des Südreiches Juda auf. Dem Nordreich Israel mit der Hauptstadt Samaria war ein Jahrzehnt früher schon vom Propheten Amos, einem Mann aus dem Südreich, der Untergang angesagt worden. Jesaja, der viele Beziehungen zur Prophetie des Amos aufweist, verkündet in ebensolcher Konsequenz seinen Jerusalemer Landsleuten den Untergang. Die Gründe, die beide Propheten geltend machen, sind im Zusammenbruch eines tragfähigen Gemeinschaftslebens, im Schwund von Recht und Gerechtigkeit zu suchen. Ein derart — im Bild gesprochen – morsch und hohl gewordenes Volk kann nicht weiterleben. Die Versuche des davidischen Königshauses und der einflußreichen Kreise in Jerusalem, außenpolitisch das drückende Joch der Oberherren, in damaliger Zeit der assyrischen Großkönige, abzuschütteln, sind nach Auskunft Jesajas nutzlos; weder die eigene militärische Kraft noch das Bündnis mit Ägypten, der anderen Großmacht, reichen zur Änderung der Verhältnisse hin, wenngleich allzu verständlich ist, daß man die enormen Tributzahlungen, wirtschaftlich empfindlich lähmende Einbußen, abschütteln wollte.

Friede und Freiheit ist, nach Auskunft des Jesaja, nur im sich Verlassen auf Gott und „festmachen in ihm" (Jes 7,9) gewährleistet. Wie immer man realpolitisch diese Devise einschätzen mag: bis zur Stunde geht in der Welt noch immer die Hoffnung um, ein friedliches Leben auf die freiheitliche Ordnung des Dekalogs gründen zu können – und der stammt von Gott.

Wer auf den folgenden Seiten nicht gleich die vertrauten jesajanischen Weissagungen findet, wie wir sie von der Advents- und Weihnachtszeit her kennen, der möge bedenken, daß die wohl einflußreichste Prophetie des gewaltigsten Propheten des Alten Testaments das gläubige Israel dauernd begleitet hat, auch in seinen dunkelsten Stunden des Exils und der nachexilischen Zeit bis zur christlichen Ära hin. Jetzt sind die Christen das Israel Gottes (Gal 6,16).

Die Jahrhunderte haben also an den Offenbarungsworten des Jesaja unter dem Einfluß des Gottesgeistes gearbeitet: jedem Unheilswort wurde ein Heilswort zugefügt (sog. Folgedichtung). Der gläubige Gebrauch des Prophetenwortes in der Gemeinde verlangte dies; und dies ist die zureichende Begründung für die im heutigen Jesaja-Buch mit seinen 66 Kapiteln beängstigend angewachsenen Untergangsworte und für die hell aufstrahlenden Heilsworte, deren Eintreffen bzw. Erfüllung nicht mit dem Kind von Betlehem (Jes 9), nicht mit dem Friedensfürsten (Jes 11), und auch nicht mit dem Umschmieden der Schwerter in Pflugscharen (Jes 2) schon abgeschlossen ist.

Zum Jesaja-Buch. Die Kapitel 1-39 bergen den Bestand der historischen Jesaja-Weissagungen. Die Kapitel 40-55 stammen nicht von Jesaja, sondern von einem Exilpropheten, dem man den Kunstnamen Deuterojesaja, zweiter Jesaja gab. Die Kapitel 56-66 sind in nachexilischer Zeit hinzugekommen. Im ersten Teil des Jesaja-Buchs geht das meiste der Kapitel 1-12 auf Jesaja zurück, die Kapitel 13-23 nur in der Substanz. Kapitel 24-27 und 34-35 sind in ganz später Zeit eingeschoben worden. Ebenso sind die Kapitel 36-39 Einschub.

Die Kapitel 28-32 enthalten dagegen echtes Urgestein jesajanischer Prophetie.

Der Berg Zion

Die Stadt Jerusalem, der Zionsberg und der Tempel

Nach dem Tod Sauls, des ersten Königs über die vereinigten Stämme der Israeliten, war die Frage offen, wer die zehn Nordstämme weiterhin anführen solle, der schwache Saulide Meribaal oder David, der zu Lebzeiten Sauls starke Rivale und Schwiegersohn Sauls. David hatte im Süden des Landes in der Stadt Hebron im Gebiet seines Heimatstammes Juda bereits die Königsherrschaft angetreten. Der mächtige General der Truppen der Nordstämme, Abner, wollte unnötiges Blutvergießen im Kampf um die Oberherrschaft vermeiden und bot David an, einen Königsvertrag mit den Nordstämmen zu schließen. David willigte ein, auch nachdem er erleben mußte, wie sein eigener Heerführer Joab den General Abner meuchlings ermordete und damit aus dem Weg schaffte.
König David wählte als neue Hauptstadt der vereinigten Stämme Israels die Jebusiter-Festung Jerusalem, eine Stadt, die an der Grenzlinie zwischen den Südstämmen und den Nordstämmen lag, dort wo sich der Süden des Landes Palästina und das Gebirge Juda mit dem Gebirge Efraim berühren.
Auf dieser Linie verlief auch die Grenze des Stammes Benjamin, aus dem Saul herstammte. Alle nördlich des Gebirges Efraim angesiedelten Stämme, die in den Küstenebenen, in der Jezreel-Ebene und auf dem Bergland von Galiläa ihre Wohngebiete hatten, konnten von Jerusalem aus regiert werden, ohne daß eine bereits bestehende Stadt gegenüber einer anderen als Hauptstadt bevorzugt wurde.
Strategisch gesehen, galt die neue Metropole mit dem Zionsberg als eine uneinnehmbare Festung. Die Überlieferung in Israel kann es auch nicht genug rühmen, daß ausgerechnet diese Jebusiter-Festung von David in einem Handstreich eingenommen wurde.
Durch den Brunnenschacht war ein Kommando von Soldaten in das Innere der Stadt aufgestiegen und hatte dem Heer Davids die Tore geöffnet (2 Sam 5).
David ließ sich in der Burg von Jerusalem nieder. Er holte die Bundeslade Israels in einer feierlichen Prozession von Kirjat-Jearim nach der neuen Hauptstadt (2 Sam 6).

Der Bau eines Tempel-Hauses für die Lade des Herrn ist David verwehrt. Der Prophet Natan hält David dagegen ein Orakel bereit, wonach David den Bau seines Hauses, d.h. seiner Dynastie, von Gott für ewig garantiert bekommt.

(11) „... Nun verkündet dir der Herr, daß der Herr dir ein Haus bauen wird.
(12) Wenn deine Tage erfüllt sind und du dich zu deinen Vätern legst, werde ich deinen leiblichen Sohn als deinen Nachfolger einsetzen und seinem Königtum Bestand verleihen.
(13) Er wird für meinen Namen ein Haus bauen, und ich werde seinem Königsthron ewigen Bestand verleihen.
(14) Ich will für ihn Vater sein, und er wird für mich Sohn sein. Wenn er sich verfehlt, werde ich ihn nach Menschenart mit Ruten und mit Schlägen züchtigen.
(15) Meine Huld aber soll nicht von ihm weichen, wie sie von Saul gewichen ist, den ich vor deinen Augen verstoßen habe." (2 Sam 7,11-15)

Davids Sohn und Thronfolger König Salomo baute dann den berühmten Tempel zu Jerusalem. Die Tempelanlage auf dem Zionsberg hatte zum Vorbild die verbreiteten kanaanäisch-syrischen Tempel als Langhaus mit einer Vorhalle, dem Heiligen als Mittelteil und Kultraum sowie der eigentlichen Cella, dem Allerheiligsten (Debir Ps 28,1f.). Ein sog. Umbau umschloß diese drei Teile auf drei Seiten. Die Vorderseite war offen und durch zwei Säulen, Jachin und Boaz markiert.
Der Tempelweihespruch Salomos, auch das Tempelweihegebet des Salomo genannt, läßt erkennen, daß Jahwe, der zunächst in Zelt und Lade wohnte, die David hatte aufstellen lassen, in den Tempel umsiedelte und im Dunkel des Allerheiligsten Wohnung nahm.
Zwei Kerube als geflügelte Wesen standen in diesem innersten Tempelraum und beschützten die Bundeslade. Doch ist aus dem Tempelweihespruch ebenfalls zu entnehmen, wie der Glaube Israels die Gegenwart des Herrn auffaßte:

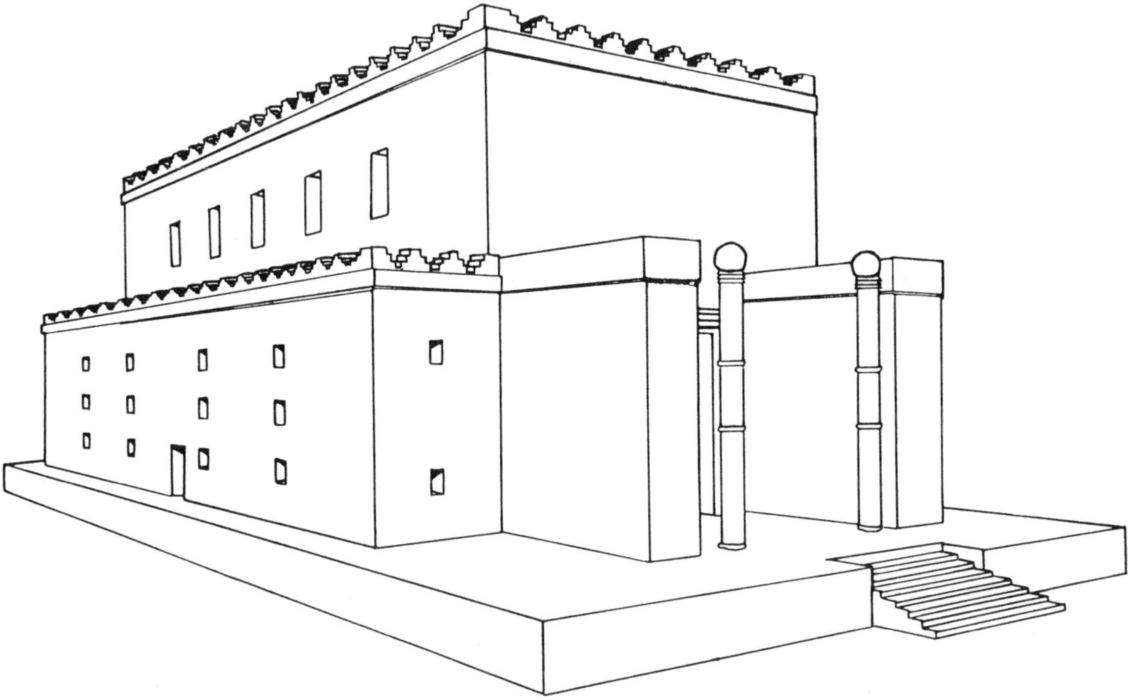

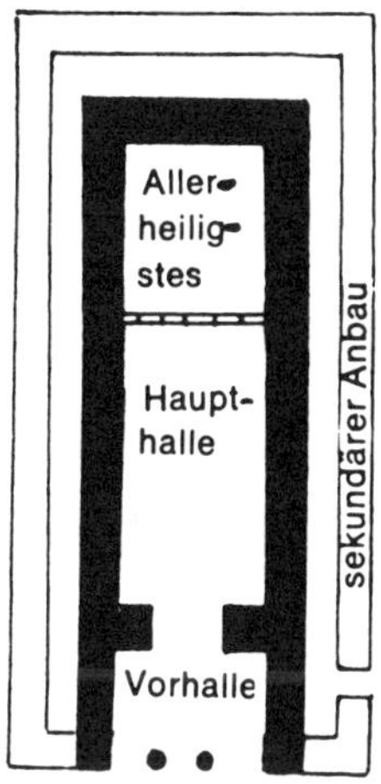

Rekonstruktion des salomonischen Tempels. Das hohe, prunkvolle Osttor aus Zedernholz schaut gegen die aufgehende Sonne. Davor die beiden wunderbar verzierten freistehenden Bronzesäulen, Jachin und Boaz. Zehn Stufen führen zum Tempel. Der hohe Opfer- oder Brandopferaltar stand im Hof vor dem Tempel, wo die Gemeinde betete. Der Priester stieg die zehn Stufen hinauf, durchschritt das Osttor, trat in die Vorhalle ('ulam) ein und dann durch ein weiteres Zypressentor ins eigentliche Heiligtum (hekal). Dies war ein hoher Raum, 40 Ellen (18 m) lang, 20 Ellen (9 m) breit und 30 Ellen (13,5 m) hoch, mit Zedern-Getäfel und einem Boden aus Zypressenholz.
Eine Anzahl Stufen führte zum debir (Allerheiligstes), einem kubischen Raum von 20 x 20 x 20 Ellen (9 m), in den man durch eine kleine Doppeltür eintrat. Es war ausgekleidet mit Zedernholz, hatte keine Fenster und war völlig dunkel. Zwei riesige 4,5 m hohe Kerube aus Olivenholz, mit Goldblättchen verziert, standen dort. Die Bundeslade ruhte unter ihren ausgestreckten Flügeln. Dort thronte nach dem Glauben Israels der unsichtbare und bildlose Jahwe, bewacht durch die zwei Kerube. Im Gegensatz zu jedem anderen Tempel der alten Zeit gab es im salomonischen Tempel kein Götterbild.

„Gott Israels, möge sich jetzt dein Wort, das du deinem Knecht David, meinem Vater, gegeben hast, als wahr erweisen.
Wohnt denn Gott wirklich auf der Erde? Siehe, selbst der Himmel und die Himmel der Himmel fassen dich nicht, wieviel weniger dieses Haus, das ich gebaut habe."
(1 Kön 8,26f.)

In der ehemaligen Jebusiterstadt Jerusalem wird durch den Tempel, der auf dem Zion-Berg steht, vieles an ursprünglich kanaanäischer Frömmigkeit auf die Verehrung des Nationalgottes der Israeliten, Jahwe, übertragen. Nicht allein der Name des höchsten Gottes EL, sondern auch die vielen anderen positiven Eigenschaften göttlicher Mächte. Uralte Bilder vom Felsen und Zufluchtsort bleiben zeitlos gültig:

„Herr, du mein Fels, meine Burg, mein Retter, mein Gott, meine Feste, in der ich mich berge, mein Schild und sicheres Heil, meine Zuflucht.“ (Ps 18,3)

Der Tempel als Zufluchtsstätte und Fliehfelsen war zunächst einmal wörtlich zu nehmen, denn im Krieg konnte nur der sein Leben vor den Feinden retten, der auf einer der zahlreichen Fliehhöhen des Landes und damit auf unzugänglichen Orten Zuflucht fand. Dann aber galt es ganz allgemein als Glaubenswahrheit, daß Gott auf seinem heiligen Berg jene Funktionen ausübt, die in der Religion der Israel umgebenden Völker der Götterberg wahrnahm.

„Der Tempel ist in der Umwelt Israels der Bereich, von dem nach der Überwindung des Chaos die geordnete Welt und das durch sie ermöglichte Leben ihren Ausgang genommen haben“ (O. Keel).

Die heute freilich eher als exilisch und nachexilisch eingestuften, d.h. aus dem 6. Jh. v. Chr. herrührende Zionspsalmen (Ps 46; Ps 48 u.a.) greifen diese in der Wurzel mythisch oder mythologisch zu nennenden Aussagen vom Zionsberg und seiner heiligen Stadt Jerusalem auf. Sie schmelzen sie in das Credo Israels ein, das da lautet, daß Jahwe die Israeliten vor den Chaosmächten bewahrt, d.h. aus Ägypten und aus den Fluten des Schilfmeeres gerettet hat.

Der Jahwe-Tempel in Jerusalem und der in diesem Haus gefeierte Gottesdienst (Jahwe-Kult) haben eine bewegte Geschichte hinter sich. Zeiten des Verfalls, der Plünderung und der Wiederherstellung wechselten einander ab. Die Königin Atalja (840-835 v. Chr.), eine Prinzessin aus dem Nordreich Israel, die für eine kurze Zeit die Regentschaft in der Dynastie der David-Könige führte, weil sie mit dem Davididen Joram (848-841 v. Chr.) verheiratet war, wurde gewaltsam beseitigt und mit ihr der Baalstempel in Jerusalem. Der jahwe-treue Hochpriester Jojada hatte den Kronprinzen Joasch (835-796 v. Chr.) auf den Thron gebracht und ihn den Bund mit Jahwe erneuern lassen (2 Kön 11f.).

Anschließend wurde der Tempel Jahwes restauriert.

Von König Ahas (734-728 v. Chr.), dem der Prophet Jesaja sein Drohwort vom Immanu-

El-Zeichen sagen mußte, wird berichtet, daß er von Damaskus aus Veränderungen am Jerusalemer Tempel vornehmen ließ, u.a. einen neuen Brandopferaltar einführte. Ahas tat dies aus Rücksicht auf den assyrischen Großkönig Tiglat-Pileser III. (745-727 v. Chr.), mit dem er paktierte und dem er Huldigungsgeschenke brachte.
Eine weitere Kultreform unter König Hiskija (728-699 v. Chr.), dem Nachfolger des Ahas, schaffte die Kupferschlange ab, *„die Mose angefertigt hatte und der die Israeliten Rauchopfer darbrachten – man nannte sie Nehuschtan (Kupferbild)“ (2 Kön 18,4).* Hiskija schaffte auch die Kulthöhen im Lande ab und zentralisierte so den Kult nach Jerusalem. Bis zur Zerstörung der Stadt Jerusalem im Jahre 586 v. Chr. und der Deportation der Oberschicht sowie aller namhafter Einwohner nach Babylon spielte der Tempel zu Jerusalem seine zentrale Rolle, wie vor allem aus der Prophetie des Jeremia hervorgeht (Jer 7;26), der neben dem Jerusalemer Prophet Jesaja und dessen Zeitgenossen Micha der dritte große Südreichprophet war und die Bevölkerung von Jerusalem in ihren Untergang begleitete.

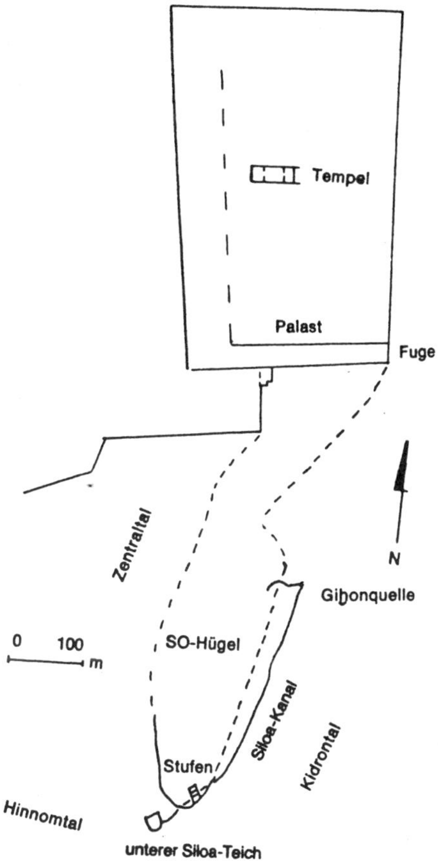

Jerusalem zur Zeit Salomons

Die Berufung des Jesaja zum Propheten im Todesjahr des Königs Usija (740 v. Chr.)

Ein Jahrzehnt nach dem Auftreten der sog. Nordreichpropheten Amos und Hosea wird in Jerusalem Jesaja zum Unheilsprophet.
Der Name Jesaja bedeutet zwar soviel wie „Gott rettet", „Gott heilt" – wie auch das Wort „Jesus" –, doch ist in der Prophetie des Jesaja, vergleichbar mit den Unheilsworten des Amos, keine Aussicht auf Heil gemacht.
Der Eindruck der Verworfenheit der Jerusalemer Kreise, zumal der Oberschicht, aus der Jesaja vermutlich selbst kommt, prägt sich dem Mann Jesaja so sehr ein, daß er sein ganzes weiteres Leben unter einer ungeheuren Last empfindet. Wie sein Vorgänger, der Nordreichprophet Hosea, gibt Jesaja im Auftrag Jahwes und im Einverständnis mit seiner Frau, die er Prophetin nennt, den eigenen Kindern Signalnamen: Schear-Jaschub (nur ein Rest kehrt um, Jes 7,3) und Maher-Schalal-Hasch-Bas (Schnelle Beute – Rascher Raub, Jes 8,1-4).
Der Bezug auf die gesamte Prophetie des Jesaja ist in den Namen der Kinder hergestellt, wenn offensichtlich jemand zu einer Beute, zu einem Raub wird. In der Geschichte des Brudervolkes im Norden, Israel, wird dieses Signal zuerst blutiger Ernst. Bekanntlich machen die Assyrer dem Nordreich 722 v. Chr. ein Ende.
Die frühere Auffassung vom Rest, der auf die Predigt des Propheten Jesaja hin umkehrt, d.h. in sich geht und sich bekehrt, kann vom Namen des ersten Jesaja-Sohns Schear-Jaschub nicht abgeleitet werden. Schear-Jaschub will sagen, daß nur ein unbedeutender, nicht überlebensfähiger Rest aus einer Schlacht zurückkehrt.
Über die Tätigkeit Jesajas nach seiner Berufung ist soviel zu erkennen, daß ihm seine Bemühung, den König Ahas im syrisch-ephrämitischen Krieg (734/33 v. Chr.) umzustimmen, nicht gelingt. Jesaja verstummt anscheinend daraufhin längere Zeit.
Der Prophet hat aber gewiß nicht diesen Anlaß zum Eintritt in seine Aufgabe genommen. Wie die zahlreichen Gelegenheiten über die gesamte Prophetie des Jesaja verteilt bezeugen, ist die schwärende, nicht heilen wollende Wunde und der Krebsschaden am Volk der Jerusalemer der Schwund von Recht und Gerechtigkeit. Die Gemeinschaftstreue (sedaqa) im Gottesvolk hat der Willkür, dem Wucher, der Unterdrückung, der Rechtlosigkeit und dem Frevel Platz gemacht (Jes 3-5).
Wie noch näher darzulegen ist, kann auch in der Außenpolitik, in die sich Jesaja mit seinem Prophetenwort an Ahas einmischt, nicht ein von Gott abgelöstes, auf Macht kalkulierendes und spekulierendes Bündnisdenken Platz greifen. Die außenpolitischen Probleme, die für das kleine Volk der Judäer und für ihre Hauptstadt Jerusalem im Völkerkonzert der Nachbarstaaten entstehen, sind nicht ohne innenpolitische Loyalität und Stabilität zu lösen.
wie sollte es eine den umliegenden Völkern gegenüber vertretbare Politik geben können, wenn sie das Israel Gottes nicht in den eigenen Reihen praktiziert?
Für Jesaja ist es gewiß: Die Assyrer können in dieser Hinsicht nicht die große Ordnungsmacht sein, als die sie sich aufspielen.
Jahwe benützt sie als „Knüppel" in seiner wütenden Hand (Jes 10,5.15).
Ein ausgesprochenes Interesse an der Verurteilung der Greueltaten, die die assyrische Soldateska verübt, zeigt Jesaja aber nicht. Assur ist nur ein Werkzeug in der Hand Gottes.
Uns Nachgeborenen bleibt die ernüchternde, erschütternde Feststellung, daß der Ruf nach ausgleichender Gerechtigkeit denen nicht zusteht, die im eigenen Haus die Gerechtigkeit niedertrampeln (vgl. Jes 5,5).
Die Berufung und Beauftragung zur Unheilsbotschaft, die Jesaja seinem Volk im Auftrag Gottes auszurichten hat, trägt dann auch den Stempel des unabänderlichen „aus und vorbei".

(1) „Im Todesjahr des Königs Usija sah ich den Herrn. Er saß auf seinem hohen und erhabenen Thron. Der Saum seines Gewandes füllte den Tempel aus.
(2) Serafim standen über ihm. Jeder hatte sechs Flügel: Mit zwei Flügeln bedeckten sie ihr Gesicht, mit zwei bedeckten sie ihre Füße und mit zwei flogen sie.

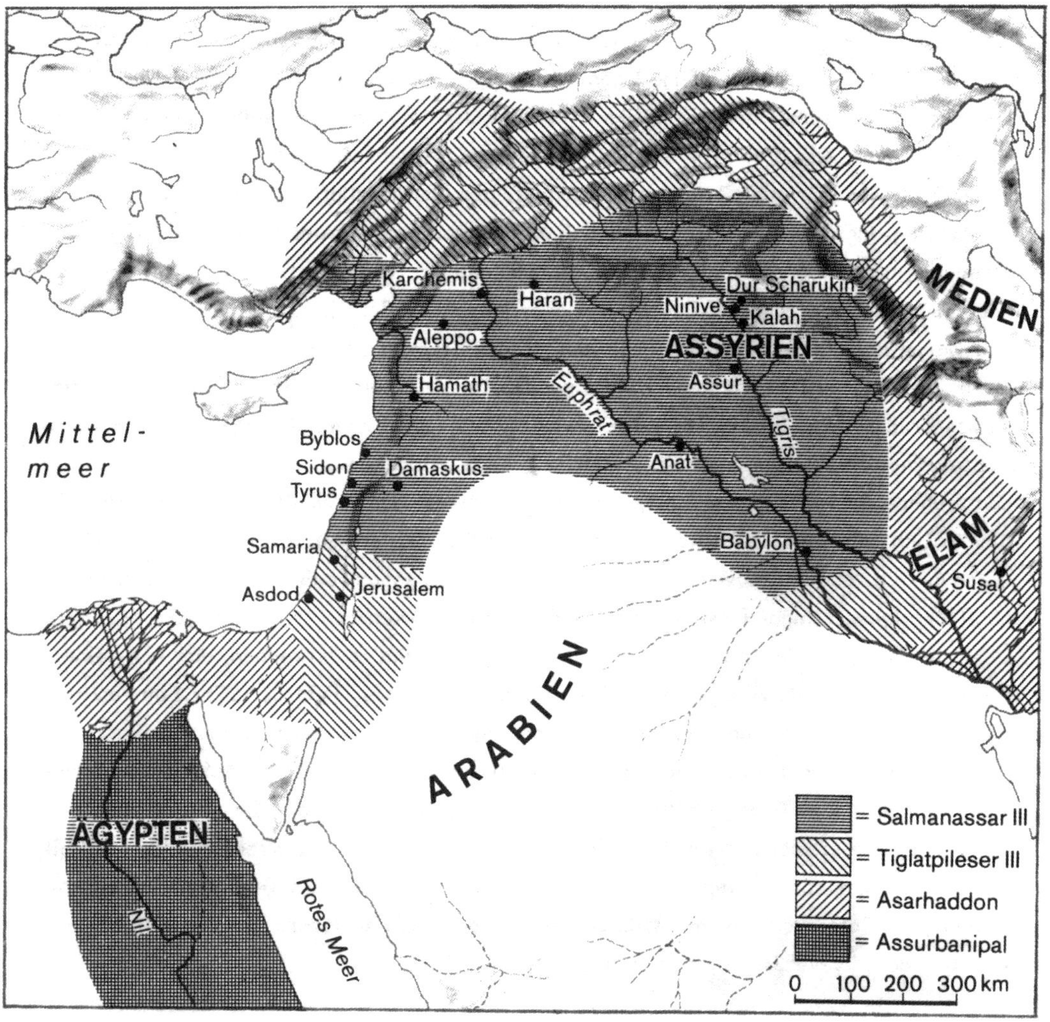

Die Ausbreitung des neuassyrischen Reiches vom 9. bis zum 7. Jahrhundert v. Chr.

(3) Sie riefen einander zu: Heilig, heilig, heilig ist der Herr der Heere. Von seiner Herrlichkeit ist die ganze Erde erfüllt.
(4) Die Türschwellen bebten bei ihrem lauten Ruf, und der Tempel füllte sich mit Rauch.
(5) Da sagte ich: Weh mir, ich bin verloren. Denn ich bin ein Mann mit unreinen Lippen und lebe mitten in einem Volk mit unreinen Lippen, und meine Augen haben den König, den Herrn der Heere, gesehen.
(6) Da flog einer der Serafim zu mir; er trug in seiner Hand eine glühende Kohle, die er mit einer Zange vom Altar genommen hatte.
(7) Er berührte damit meinen Mund und sagte: Das hier hat deine Lippen berührt: Deine Schuld ist getilgt, deine Sünde gesühnt.
(8) Danach hörte ich die Stimme des Herrn, der sagte: Wen soll ich senden? Wer wird für uns gehen? Ich antwortete: Hier bin ich, sende mich!
(9) Da sagte er: Geh und sag diesem Volk: Hören sollt ihr, hören, aber nicht verstehen. Sehen sollt ihr, sehen, aber nicht erkennen.
(10) Verhärte das Herz dieses Volkes, verstopf ihm die Ohren, verkleb ihm die Augen, damit es mit seinen Augen nicht sieht und mit seinen Ohren nicht hört, damit sein Herz nicht zur Einsicht kommt und sich nicht bekehrt und nicht geheilt wird.
(11) Ich fragte: Wie lange, Herr? Er antwortete: Bis die Städte verödet sind und unbewohnt, die Häuser menschenleer, bis das Ackerland zur Wüste geworden ist."
(Jes 6,1-11)

Daß Jesaja seine Berufungsvision am Tempel zu Jerusalem hat, entspricht dem Jahwe-Glauben der Zeit im letzten Drittel des 8. Jh. v. Chr. Zur Form, die Jesaja benützt bei der Beschreibung dessen, was ihm widerfuhr, ist zu sagen, daß sie eine in Israel längst bekannte Vorstellung ist. Schon hundert Jahre früher hatte der Prophet Micha ben Jimla die himmlische Thronratszene ins Wort gehoben, als er seine von Jahwe an ihn ergangene Beauftragung rechtfertigte und das Unheilswort an König Achab von Israel ausrichtete (1 Kön 22,19-23). Bekannt ist diese himmlische Thronratszene auch vom Anfang des Hiob-Buchs (Ijob 1,6-12). Dort ist es die Figur des Satans, der von Gott ausgeschickt wird, die Jahwe-Treue des Hiob zu erproben.

Doch wollen gerade unter Beachtung der Form dieser wohl gemeinorientalischen Vorstellung von der Wohnung Gottes und dem himmlischen Thronrat die charakteristischen Akzente festgehalten werden, die Jesaja setzt.

Der ganze Tempel ist von Rauch erfüllt. Der Blick ist dem aufsteigenden Rauch entlanggeführt in die Höhe der Himmlischen. Dort geht ein Gotteslob vor sich, eine himmlische Liturgie, die sich im Dreimalheilig entfaltet, wobei die Serafe als die himmlischen Wesen agieren. Jesaja wird den Herrn gewahr, „sieht" ihn, was immer das heißt. Die berühmte Entsündigungszene, näherhin die Reinigung der Lippen des Propheten, die einer der Serafe mit einer glühenden Kohle vornimmt, löst gleichsam den Bann, der den fasziniert in den Himmel hineinblickenden Betrachter gefesselt hatte.

Der an Jesaja ergehende sog. Verstockungsauftrag sollte nicht aus falsch verstandener Pietät umgebogen werden. Jesaja erfaßte wirklich, daß er die Ohren zu verstopfen und die Augen zu verkleben beauftragt war. Über das reine, ehrliche Unterfangen des Jesaja, sein Volk sozusagen in letzter Minute vom Verderben wegzureißen hinaus, sieht sich Jesaja eines besseren belehrt. Angesichts des allheiligen Gottes helfen noch so gut gemeinte Absichten nicht. Jesaja wird gleichsam „umgedreht"; das will das Bild von der Entsündigung und dem Ausbrennen des Unreinen auf den Lippen des Propheten sagen. Gott hat damit seinen Propheten mit dem von Gott her Nötigen ausgestattet.

Das Volk mit den unreinen Lippen gilt es mit dem schlechthin Heiligen, mit Gott in Verbindung zu bringen, d.h. das Volk unter die Augen Gottes zu bringen. Was dabei nur herauskommen kann, ist jetzt dem einsichtig, der Gottes Wirklichkeit vermitteln muß. Es kann noch in Erwägung gezogen werden, daß ein Prophet ja niemals die Reaktion auf seine Botschaft im vorhinein weiß. Insofern hat man vermutet, daß Jesaja aus der absehbaren Verstockung seiner Zeitgenossen, da sie auf Jesaja nicht hören, die von Gott her *ursächliche,* d.h. von Gott veranlaßte Verstockung hergeleitet hat. Faktisch, so erwägt man, hatte Jesaja dies kommen sehen.

Man wird sich dem Gedanken nicht von vornherein verschließen. Es ist aber doch auch gewiß, daß angesichts der Heiligkeit Gottes und angesichts der angehäuften, praktisch bestehenden „Unreinheit" des Volkes und seiner unbeugsamen, verdorbenen Führungsschicht, keine andere Reaktion von seiten Gottes möglich ist. Gott muß sich diesem Treiben der Jerusalemer entgegenstellen, wenn anders es überhaupt einen heiligen und gerechten Gott gibt.

Das Weinberglied des Jesaja und der Grund des Untergangs des Volkes Israel

Das von den Nordreichpropheten Amos und Hosea angesagte Unheil für diejenigen, die das Gottesrecht und die Gemeinschaftsgerechtigkeit mit Füßen treten, schiebt sich auch in der Verkündigung des Jesaja in den Vordergrund. Jesaja hat gerade am Anfang seiner Tätigkeit Kritik geübt an den bestehenden Unrechtsverhältnissen. Zwischen den Leuten, die in der Stadt Jerusalem leben, ist die soziale Harmonie gestört. Eine reiche ausbeuterische Führungsschicht steht einer zunehmend um Hab und Gut gebrachten Mittel- und Unterschicht gegenüber. Nicht allein die dunklen und betrügerischen Wirtschaftsgeschäfte sind an der Tagesordnung, sondern die Rechtsordnung selbst ist ausgehöhlt, da die Ausbeutung scheinbar mit ganz legalen Mitteln betrieben wird und die Rechtsprechung dazu herhalten muß, daß der weniger einflußreiche oder mittellose Volksgenosse beim Streitfall vor Gericht unterliegt.

Es gibt mehrere Belege in den Unheilsworten des Jesaja, die unschwer erkennen lassen, mit welcher Art von Umtrieben man es zu tun hatte und welcher Praktiken man sich bediente. Im Jesaja-Buch finden sich sieben Weherufe (Jes 5,8-24; 10,1-4). Dem verhaßten Propheten und Warner vergessen es die Leute zeitlebens nicht, daß er es wagt, die Mißstände anzuprangern. Vom Propheten Amos her ist bekannt und berüchtigt, wie er furchtlos seinen Landsleuten nicht nur die „Leviten verliest", sondern über ihnen ein Leichenlied, das „Wehe", anstimmt. Dieses unerhörte Vorgehen, über Lebende die Totenklage zu erheben, muß treffen und tief verletzen. Sollte es so um Jerusalems Richter, Ratsherren und Beamte bestellt sein?

„Weh euch, die ihr Haus an Haus reiht und Feld an Feld fügt, bis kein Platz mehr da ist und ihr allein im Land ansässig seid."
(Jes 5,8)

Man muß aus dieser Unglückssituation schließen, daß um die Schulden zu tilgen der Landverkauf solange abgepreßt wird, bis der zur Verzweiflung getriebene Verkäufer buchstäblich auf dem Nichts sitzt. Woher soll er noch etwas für seinen Lebensunterhalt nehmen? Wenn jemand nichts mehr zu erwirtschaften vermag, kann er sich und seine Familie nur noch als Schuldsklaven verdingen, um sich mit der nackten Hände Arbeit über Wasser zu halten.

„Weh denen, die das Böse gut und das Gute bös nennen, die die Finsternis zum Licht und das Licht zur Finsternis machen, die das Bittere süß und das Süße bitter machen."
(Jes 5,20)

Aus diesem Weheruf ist die Verkehrung aller Ordnungen und aller Maßstäbe zu erschließen. Wenn auf nichts mehr Verlaß ist, wenn Treu und Glauben unter den Menschen geschwunden sind, wenn einer den andern mit Täuschung und Betrug hintergeht, dann ist in der Tat alles zusammengebrochen, worauf das friedliche und auskömmliche Zusammenleben der Menschen beruht. Kurzsichtige Vorteile („Lügen haben kurze Beine") und „Roßtäuschereien", die alsbald aufgedeckt und bloßgestellt sind, bringen kein Glück, mag man auch noch so sehr diese Vorteile „Licht" nennen, sie sind in Wahrheit Dunkel und „Finsternis". Im Wort „gut" ist nach hebräischer Auffassung auch das gesamte Wohlergehen, das geistig-sittliche wie das materiell-körperliche jedes Einzelnen eingeschlossen. Wer nun die Sittenordnung verdreht und auf den Kopf stellt, verliert persönlich jeden inneren Halt und kann auch niemals mit seinem Gewissen in Einklang leben. Es wird ersichtlich, daß in Jerusalem, dem Ort der Gerichtsstühle (Ps 122,5), nicht allein die äußere Sittenordnung, Recht und Sitte zerstört sind, sondern auch die innere ethische Grundhaltung des Menschen durcheinander geraten ist.

Die persönliche Verunglimpfung, die der Prophet Jesaja erfährt, verrät, daß man in Wahrheit noch einen anderen treffen will, den man sehr wohl hinter seinem Boten, dem Propheten Jesaja, und hinter aller Unheilsprophetie ahnt.

(18) „Weh euch, die ihr die Strafe wie mit Ochsenstricken herbeizieht und die Sünde wie mit Wagenseilen.
(19) Ihr sagt: Was er (= Gott) tun will, das tue er schnell; er soll sich beeilen, damit wir es sehen; was der Heilige Israels plant, treffe bald ein; wir wollen es wissen." (Jes 5,18-19)

In diesen höhnischen Reden ist das äußerste an Herausforderung durch die Jesaja-Gegner spürbar. In der gotteslästerlichen Titulierung, die man dabei für Jahwe, den „Heiligen Israels" wählt, ist die gottesdienstliche Sprache und die Verkündigung Jesajas vom dreimalheiligen Gott aufgenommen. Die solches reden, scheinen Jesaja nachzuäffen; sie wählen ein äußerstes Mittel, um sich das dunkel geahnte Gericht vom Hals zu halten, indem sie den leibhaftig vor ihnen stehenden Gerichtsboten und sein Unheilswort lächerlich machen und verspotten.
Zu einer späteren Zeit, als Jesaja nach längerem Schweigen sich ein letztes Mal in die Öffentlichkeit und in die Politik begibt, greifen seine Gegner, die Priester und die Berufspropheten, ihn erneut scharf an, indem sie seine Fähigkeit, Prophet und Ratgeber zu sein, in Frage stellen und Jesaja einfach für verrückt erklären:

(9) „Wen will der Mann denn Erkenntnis lehren; wem das Gehörte erklären? Kindern, die man eben von der Milch entwöhnte, die man gerade von der Brust nahm?
(10) Was soll sein Gestammel, sein Papperlapapp, sein Geschwätz bald hier, sein Geschwätz bald dort?" (Jes 28,9-10)

Jesaja hat mit einem vernichtenden Drohwort diesen Angriff abgewehrt. Es steht nicht nur seine Ehre, sondern Gottes Ehre auf dem Spiel:

(14) „Darum hört das Wort des Herrn, ihr Spötter, ihr Sprüchemacher bei diesem Volk in Jerusalem.
(15) Ihr habt gesagt: Wir haben mit dem Tod ein Bündnis geschlossen, wir haben mit der Unterwelt einen Vertrag gemacht. Wenn die Flut heranbraust, erreicht sie uns nicht; denn wir haben unsere Zuflucht zur Lüge genommen und uns hinter Täuschung versteckt." (Jes 28,14-15)

Was das Schicksal dieser Lügner und Sprüchemacher sein wird, so bedeutet Jesaja, kann sich jeder nun selbst ausrechnen.

(Rahmenerzählung)
(1) „Ich will ein Lied singen von meinem geliebten Freund, ein Lied vom Weinberg meines Liebsten. Mein Freund hatte einen Weinberg auf einer fruchtbaren Höhe.
(2) Er grub ihn um und entfernte die Steine und bepflanzte ihn mit edelsten Reben. Er baute mitten darin einen Turm und hieb eine Kelter darin aus. Dann hoffte er, daß der Weinberg süße Trauben brächte, doch er brachte nur saure Beeren.
(Gottesrede)
(3) Nun sprecht das Urteil, Jerusalems Bürger und ihr Männer von Juda, im Streit zwischen mir und dem Weinberg!
(4) Was konnte ich noch für meinen Weinberg tun, das ich nicht für ihn tat? Warum hoffte ich denn auf süße Trauben? Warum brachte er nur saure Beeren?
(5) Jetzt aber will ich euch kundtun, was ich mit meinem Weinberg mache: ich entferne seine schützende Hecke; so wird er zur Weide. Seine Mauer reiße ich ein; dann wird er zertrampelt.
(6) Zu Ödland will ich ihn machen. Man soll seine Reben nicht schneiden und soll ihn nicht hacken; Dornen und Disteln werden dort wuchern. Ich verbiete den Wolken, ihm Regen zu spenden.

(Rahmenerzählung)
(7) Ja, der Weinberg des Herrn ist das Haus Israel, und die Männer von Juda sind die Reben, die er zu seiner Freude gepflanzt hat. Er hoffte auf Rechtsspruch – doch siehe da: Rechtsbruch, und auf Gerechtigkeit – doch siehe da: Der Rechtlose schreit." (Jes 5,1-7)

Im berühmten Weinberglied Jes 5,1-7 führt Jesaja meisterhaft in einer einzigen gerafften Szene den Schuldaufweis seines Volkes, der Jerusalemer.
Dieser Nachweis der Schuld geht szenisch über in die Strafe, die der Herr des Weinbergs, Jahwe, selbst vornimmt, indem er seinem Volk Israel, das symbolisch im Weinberg repräsentiert ist, seinen Schutz entzieht.
Auch wenn die Bildsprache vom Weinberg, der Pflanzung Jahwes, in Wirklichkeit das Volk der Israeliten meint und dessen Schicksal, seit es Jahwe aus Ägypten errettet und „an sich gebracht" hat (Ex 19,4), sollte man nicht die feinen Farbtöne übersehen, die das Bild vom Weinberg überaus eindringlich

machen: Mit „Weinberg“ ist in der hebräischen und allgemein orientalischen Symbolsprache die Braut gemeint (Hld 1,6; 8,12). Israel ist die Braut Jahwes (vgl. Hosea).

Zum Verständnis der Form des Weinberglieds ist noch wichtig zu bemerken, daß derjenige, der es vorträgt, der Freund des Bräutigams und Brautführer ist. Dieses berühmte Weinberglied steht im heutigen Jesaja-Buch am Anfang des 5. Kapitels, in dem auch alle anderen sechs (der 7. Weheruf steht Jes 10,1-4) Weherufe überliefert sind.

Der Kapiteleingang mit dem Weinberglied kann auch ebensogut den Abschluß der Wehe-Worte des Jesaja bilden. In jedem Fall bleibt am endgültigen Verwerfungsurteil über die Jerusalemer, das Volk und „Haus Israel“, kein Zweifel. Der Herr der Heere hat das Haus Israel „zu Ödland gemacht“. Ödland ist niemals mehr ein Weinberg. Nur Dornen und Disteln wuchern dort, ja nicht einmal die Wolken dürfen ihren Regen auf dieses Ödland niedergehen lassen. Mit einer irgendwie gearteten Bekehrung derer, die Ödland sind, ist in dieser Botschaft des Jesaja nicht gerechnet.

Der syrisch-ephrämitische Krieg 734/33 v. Chr. und das Immanu-El-Zeichen

In der zweiten Phase seines Wirkens weitet sich der Gesichtskreis, den Jesaja mit seiner Verkündigung erfaßt, auf die Außenpolitik des Südstaates Juda und der umliegenden Kleinstaaten. Aus der Zahl der Völker des Vorderen Orients ragen zwei Nationen heraus, die wie bei uns heute Ost und West die Spannungspole sind, zwischen denen die übrigen Nationen eingespannt sind. Damals war das Reich der Assyrer mit der Hauptstadt Assur, von Palästina aus gesehen, der große Unruheherd im Norden. Jederzeit konnte die Kriegswalze der assyrischen Söldnerheere die kleinasiatischen Staaten der Pufferzone bis zum Mittelmeer und Richtung Ägypten überrollen. Nur harte Tributzahlungen und Huldigungsgeschenke vermochten zumeist das Ärgste abzuwenden. Den Gegenpol zur assyrischen Großmacht bildet die Großmacht des Pharaonenlandes Ägypten im Süden. Ägypten hatte bereits über zwei Jahrtausende die Landbrücke zwischen dem Nildelta mit der Sinai-Halbinsel und dem Zweistromland von Euphrat und Tigris kontrolliert. Mit wechselndem Erfolg verschafften sich seit vielen Jahrhunderten schon ägyptische Heere Einfluß in Syrien. Etwa 150 km nördlich von Damaskus fand 1290 v. Chr. die Schlacht von Kadesch statt zwischen den Hethitern und Ramses II. (1304-1237 v. Chr.), dem Pharao des Auszugs der Mose-Schar aus Ägypten. Ägypten schürte, wo immer es konnte, auch zur Zeit Jesajas die Revolte gegen die assyrischen Besatzungstruppen, die Syrien und Palästina regelmäßig überfielen und in Schach hielten (vgl. Karte S. 65). Innere Wirren im Reich der Assyrer erschütterten wieder einmal die mächtige Nation im Norden. König Rezin von Damaskus und König Pekach von Israel (740-731 v. Chr.) sahen den Zeitpunkt gekommen, sich vom Assyrerkönig Tiglat-Pileser III. (745-727 v. Chr.) loszusagen und die Tributzahlungen einzustellen. Es schien der Koalition geraten, auch König Ahas von Juda auf ihre Seite zu ziehen.

Ahas traute der Politik von Rezin und Pekach nicht. Es war zu offenkundig, daß die Assyrer nach der Niederschlagung der Aufstände in ihrem Reich blutig Rache an den Abgefallenen nehmen würden.

Zunächst aber sah sich König Ahas von Jerusalem einem Angriff der vereinigten Heere des Königs von Damaskus und des Königs von Samaria, der das Brudervolk Israel regierte, ausgesetzt. In Eile ließ Ahas die Mauern Jerusalems befestigen und schickte Boten und Geschenke aus dem Tempelschatz zu Tiglat-Pileser III. mit der Bitte, er möge der syrisch-ephrämitischen Koalition in den Rücken fallen, damit sie von Jerusalem abließen. Wie schon einige Jahre vorher, überwand Tiglat-Pileser III. auch diesmal die Widerstände. König Rezin ließ er nach der Eroberung von Damaskus 732 v. Chr. hinrichten.

In Samaria wurde König Pekach gestürzt und von der Gegenpartei ermordet.

Diese kurz geschilderten außenpolitischen Zusammenhänge bilden für den Text Jes 7,1-9 den Hintergrund. Im Vordergrund sehen wir Jesaja, wie er in Begleitung seines Sohnes Schear-Jaschub (Ein Rest kehrt um) dem König Ahas am Walkerfeld bei der oberen Wasserleitung entgegentritt und ihm eine Botschaft von Jahwe überbringen will. König Ahas soll sich zur Bewahrheitung der Botschaft des Jesaja ein Zeichen von Jahwe erbitten. Der König weicht aus.

„In der Zeit, als Ahas, der Sohn Jotams, des Sohnes Usijas, König von Juda war, zogen Rezin, der König von Aram (= Syrien) und Pekach, der Sohn Remaljas, der König von Israel, gegen Jerusalem in den Krieg; aber sie konnten die Stadt nicht einnehmen. Als man dem Haus David meldete: Aram hat sich mit Efraim (= Israel) verbündet!, da zitterte das Herz des Königs und das Herz seines Volkes, wie die Bäume des Waldes im Wind zittern. Der Herr aber sagte zu Jesaja: Geh zur Walkerfeldstraße hinaus, zusammen mit deinem Sohn Schear-Jaschub (Ein Rest kehrt um), an das Ende der Wasserleitung des oberen Teiches, um Ahas zu treffen. Sag zu

Die Schlacht von Kadesch: in der Mitte eine befestigte Stadt, von einem Graben umgeben. Links greift die ägyptische Armee die Hethiter an; rechts sieht man den Hethiterkönig auf seinem Streitwagen. (Aus dem Relief von Abū Simbel, dem Denkmal Ramses II., wo er unter vier Kolossalstatuen dargestellt ist).

ihm: Bewahre die Ruhe, fürchte dich nicht!
Dein Herz soll nicht verzagen wegen dieser beiden Holzscheite, dieser rauchenden Stummel, wegen des glühenden Zorns Rezins von Aram und des Sohnes Remaljas. Zwar planen Aram, Efraim und der Sohn Remaljas Böses gegen dich und sagen, wir wollen gegen Juda ziehen, es an uns reißen und für uns erobern; dann wollen wir den Sohn Tabeals dort zum König machen. Doch spricht Gott, der Herr:
Das kommt nicht zustande, das wird nicht geschehen.
Denn das Haupt von Aram ist Damaskus und das Haupt von Damaskus ist Rezin ...
Das Haupt von Efraim ist Samaria, und das Haupt von Samaria ist der Sohn Remaljas.
Glaubt ihr nicht, so bleibt ihr nicht."
(Jes 7,1-9)

Dieses schwierige Orakel ist insoweit klar, als darin die beiden feindlichen Könige nur mehr noch rauchende Stummel sind. Sie können ihre Eroberungsabsichten nicht verwirklichen.
Die Gegenpartei des Sohns eines nicht näher bekannten Tabeal wird in Jerusalem nicht zum Zug kommen. Darüber ist im Orakel Gewißheit geschaffen. Die Bild-Rede vom Haupt wird meist so aufgefaßt, daß mit dem Untergang der Regenten, der „Häupter", auch das Schicksal ihrer Völker besiegelt ist. Für Damaskus ist dies nach nicht einmal zwei Jahren eingetroffen. 732 v. Chr. gelingt Tiglat-Pileser III., wie schon erwähnt, die Eroberung der Stadt, die Beseitigung des Rezin und die Eingliederung des Landes ins Assyrerreich. Zehn Jahre später ist auch das Schicksal von Efraim-Israel besiegelt. Das Nordreich Israel wird in drei assyrische Provinzen aufgeteilt und die Bevölkerung nach Assyrien deportiert.
Hintergründig ist mit dem *„Glaubt ihr nicht, so bleibt ihr nicht"* auf eine besondere

„Haupt"-Funktion oder „Kopf"-Funktion aufmerksam gemacht, die nur Jahwe, der Gott Israels, wahrnehmen kann.
Wenn die Jerusalemer und Israel sich als Jahwe-Volk nicht *festmachen* in Jahwe, dann werden sie keinen Bestand haben. Das hebräische Wort für „glauben" darf nicht vom umgangssprachlichen „glauben", „meinen" her verstanden werden, sondern bedeutet „beständig sein", „sich fest machen", wie wenn man ein Gelübde, ein Gelöbnis (daher: ge-lauben, ge-loben) ein Versprechen macht.
König Ahas hat offensichtlich nicht die Kraft zu diesem Vertrauen auf Jahwe gehabt. Da bietet ihm Jesaja eine Vergewisserung in Form eines Vor-Zeichens oder Orakel-Zeichens an.

עִמָּנוּ אֵל **IMMANU EL**

„Der Herr sprach noch einmal zu Ahas; er sagte: Erbitte dir vom Herrn, deinem Gott, ein Zeichen, sei es von unten, aus der Unterwelt, oder von oben, aus der Höhe. Ahas antwortete: Ich will um nichts bitten und den Herrn nicht auf die Probe stellen. Da sagte Jesaja: Hört her, ihr vom Haus David! Genügt es euch nicht, Menschen zu belästigen? Müßt ihr auch noch meinen Gott belästigen? Darum wird euch der Herr von sich aus ein Zeichen geben: Seht die Jungfrau wird ein Kind empfangen, sie wird einen Sohn gebären, und sie wird ihm den Namen Immanuel (Gott mit uns) geben.
Er wird Butter und Honig essen bis zu der Zeit, in der er versteht, das Böse zu verwerfen und das Gute zu wählen …" (Jes 7,10-15)

Der letzte Satz im Orakel ist nicht gesichert. Das Zeichen ist mit dem „Immanu-El", dem Mit-uns-ist-El (El = Gott) vollständig.
Um die wunderbare Empfängnis und davon abgesetzt um die Geburt des Kindes hat sich schon im altbundlichen Volk ein großes Geheimnis aufgetan, erst recht im neubundlichen Gottesvolk, das die Geburt Jesu als des Messias und Heilands der Welt ja an diese Prophetie anschließt. Es ist vicl zu wenig bekannt, daß im hebräischen Text das Wort für Jungfrau „almáh" ist, womit im Alten Testament sonst nicht speziell an ein unberührtes Mädchen gedacht ist. Noch viel weniger bekannt ist, daß die geheimnisvolle Geburt aus einer Jungfrau jedenfalls in der griechischen Übersetzung des hebräischen Textes der Bibel angenommen ist, und dies schon 200 Jahre vor Christi Geburt, weil für „almáh" von den Übersetzern von Jes 7,14 das griechische Wort parthenos = Jungfrau gewählt wurde.

Die Geburt eines Kindes und der Friedenskönig

Wenn man das geheimnisvolle Orakel an König Ahas, wonach die junge Frau schwanger wird und einen Sohn gebiert mit dem Namen Immanu-El, in seiner tieferen Bedeutung erfaßt, dann hat Jesaja einen Vorgang ans Licht gebracht, den man als die Initiative Gottes bezeichnen kann.
Nicht die militärische Anstrengung im syrisch-ephrämitischen Krieg verhindert die Katastrophe, sondern die Bündnispolitik der assurfeindlichen Koalition brach wie ein Kartenhaus zusammen. Das hatte zunächst einmal das Wort des Jesaja an Ahas klargestellt, als sich Prophet und König auf dem Walkerfeld bei der oberen Wasserleitung begegneten. Dem König Ahas wird noch etwas anderes, Positives bedeutet: Auch des Ahas Bündnispolitik, bei der er auf die Großmacht Assyrien setzte, geht an der Sache vorbei und bleibt glücklos. Die wahren Vorgänge werden die sein, bei denen nicht mehr oder weniger der Zufall im Kräfteverhältnis der militärischen Mächte die Geschichte der Völker voranbringt, sondern die Kräfte eines Gottglaubens und Gottvertrauens sorgen allein für den Bestand eines Volkes, wobei Recht und Gerechtigkeit die Kennzeichen des Gottesglaubens sind. Das *„Glaubt ihr nicht, so bleibt ihr nicht" (Jes 7,9)* ist in diesem Sinn die Garantie- und Überlebensformel sowohl für das Gottesvolk als auch für die Völkerfamilie.
Betrachtet man das Zukunftswort des Jesaja an Ahas aus der nüchternen Erfahrung praktischer Politik bis heute, dann bleibt verständlich, warum Ahas skeptisch und ausweichend reagierte. Allzu utopisch und wirklichkeitsfremd mußte ihm die Vision des Jesaja erscheinen, die wie Jesaja an anderer Stelle wiederholt, darauf hinausläuft, stille zu sitzen und auf Jahwe zu harren:

„Nur in Umkehr und Ruhe liegt eure Rettung, nur Stille und Vertrauen verleihen euch Kraft." (Jes 30,15)

Das Immanu-El-Zeichen lenkt auf einen Neuanfang hin, der im Symbol der Geburt eines Kindes und in der Devise „Gott mit uns" beschlossen ist.

Aus dem Blickwinkel der aktuellen Politik des Königs Ahas ist das Prophetenwort von der Geburt des Immanu-El herbe Kritik, und Jesaja hebt diese Kritik auch ins Wort, wenn er von dem Gott zur-Last-Fallen des Ahas spricht (Jes 7,13).
Aber läßt diese Weissagung des Jesaja nicht doch Raum für eine Hoffnung über den Tag hinaus?
Allein schon in der Tatsache, daß Ahas und damit den Jerusalemern bedeutet wird, daß Gott seine „Hände im Spiel" beläßt, und in der Tatsache, daß Gott einen neuen Anfang signalisiert, ist die Gewähr gegeben, daß es weitergeht, wenn auch nicht so, wie Ahas und die Leute seiner „Realpolitik" sich das ausrechnen.
Zumindest wird man feststellen, daß die Sicht der Dinge, wie sie ein Jesaja hat, tiefes Mißtrauen und imgrunde Ablehnung für die damalige internationale Politik bereithält. Jesaja, wiewohl Realist, sieht auch einer Supermacht letztlich keine Chance gegeben. Ob die führenden Köpfe am Jerusalemer Hof die internationale Politik einmal als Parteigänger der Assyrer, ein andermal als Parteigänger des Pharao und Ägyptens betreiben, in beiden Fällen bleibt Jesaja bei seinem Nein.

(1) „Weh den trotzigen Söhnen – Spruch des Herrn –, die einen Plan ausführen, der nicht von mir ist, und ein Bündnis schließen, das nicht nach meinem Sinn ist; sie häufen Sünde auf Sünde.
(2) Sie machen sich auf den Weg nach Ägypten, ohne meinen Mund zu befragen. Sie suchen beim Pharao Zuflucht und Schutz und flüchten in den Schatten Ägyptens.
(3) Doch der Schutz des Pharao bringt euch nur Schande, die Flucht in den Schatten Ägyptens bringt euch nur Schmach,
(4) Wenn auch Israels Fürsten nach Zoan gingen und seine Boten nach Hanes:***
(5) Sie werden doch alle enttäuscht von dem Volk, das nichts nützt, das niemand Nutzen und Hilfe verschafft, sondern nur Schande und Schmach." (Jes 30,1-5)

* Zoan = Tanis: im Nordosten des Nildeltas.
** Hanes, südlich von Memphis (= südlich von Kairo am westlichen Nilufer).

Auch wenn man mit modernen Auslegern darauf verzichtet, in der Androhung der Vernichtung Assurs (Jes 10,5-15) eine originäre Jesaja-Weissagung zu besitzen, so kann die wohl berühmteste Heilsweissagung im Jesajabuch Jes 11,1-10 unschwer auf eine Geschichtsauffassung des Jesaja bezogen bleiben, die in den Versen, die Kap. 11 voraufgehen, bewahrt ist.
Diese Auffassung von Geschichte liegt sowohl dem Immanu-El-Wort Jes 7,14 als auch dem Wort von der Geburt des Kindes Jes 9,5 zugrunde. Das Strafwort über Juda und Jerusalem Jes 10,33f. hat in Jes 11,1-10 einen Anschluß, ein Heilswort gefunden. Es mag offen bleiben, ob der Prophet Jesaja am Ausgang des 8. Jh. v. Chr. die Sehnsucht auf einen vom Geist Gottes erfüllten gerechten Herrscher aus davidischem Geschlecht zum Ausdruck brachte, vor allem ob er den paradiesischen Frieden (Jes 11,6ff.) ankündigte. Beidemal ist ein Bild angewandt vom Baum, dessen Zweige Jahwe mit schrecklicher Gewalt abschlägt (Jes 10,33), ja die mächtigen Bäume werden allesamt gefällt; was hoch ist, wird niedrig, *„der Libanon (– Palast in Jerusalem?) fällt durch die Hand eines Mächtigen“ (Jes 10,34)*. Der Untergang erscheint vollständig.

„Doch aus dem Baumstumpf Isais wächst ein Reis hervor.“ (Jes 11,1)

Wenn es zutreffen sollte, wie man mit guten Gründen annimmt, daß die nochmalige Ansage der Geburt eines Kindes durch Jesaja in einer weltpolitisch gesehen geradezu verzweifelten Lage geschah, dann wären die folgenden berühmten Sätze aus demselben Erleben geboren, daß Gottes Initiative die Geschichte in der Hand behält.
Historisch gesehen, hätte Jesaja dem israelitischen Brudervolk im Norden Hoffnung auf Wiederherstellung gemacht, wiewohl die judäischen Glaubensgenossen im Süden „das Volk, das im Dunkel lebt“ längst abgeschrieben hatten, nachdem das Nordreich Israel 722 v. Chr. von Assyrien eingenommen worden war.

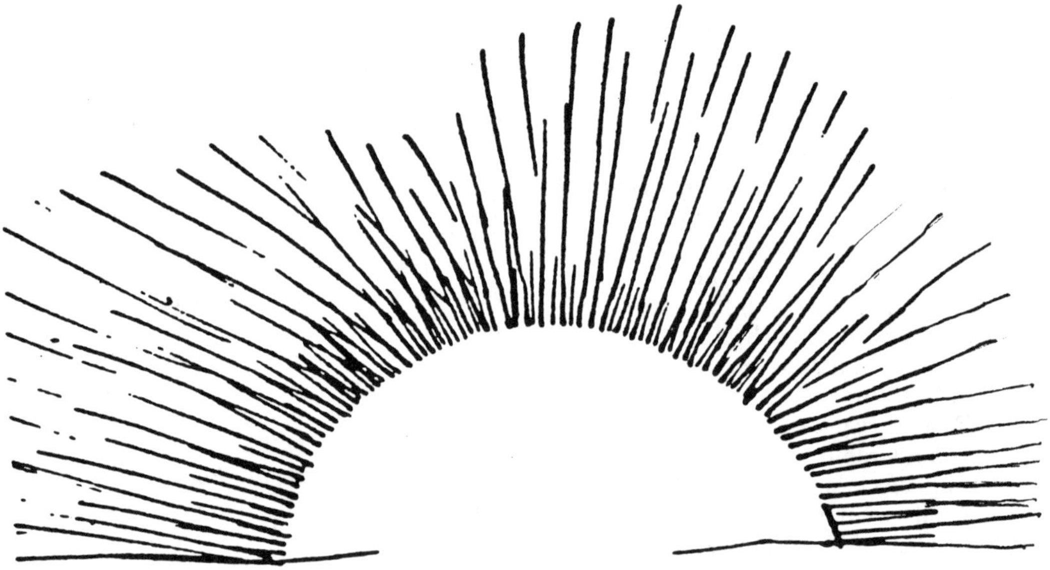

(23) „Einst hat er das Land Sebulon und das Land Naftali verachtet, aber später bringt er die Straße am Meer wieder zu Ehren, das Land jenseits des Jordan, das Gebiet der Heiden.
(1) Das Volk, das im Dunkel lebt, sieht ein helles Licht; über denen, die im Land der Finsternis wohnen, strahlt ein Licht auf.
(2) Du erregst lauten Jubel und schenkst große Freude: Man freut sich in deiner Nähe, wie man sich freut bei der Ernte, wie man jubelt, wenn Beute verteilt wird.
(3) Denn wie am Tag von Midian zerbrichst du das drückende Joch, das Tragholz auf unserer Schulter und den Stock des Treibers.*
(4) Jeder Stiefel, der dröhnend daherstampft,

jeder Mantel, der mit Blut befleckt ist, wird verbrannt, wird ein Fraß des Feuers.
(5) Denn uns ist ein Kind geboren, ein Sohn ist uns geschenkt. Die Herrschaft liegt auf seinen Schultern; man nennt ihn: Wunderbarer Ratgeber, Starker Gott, Vater in Ewigkeit, Fürst des Friedens.
(6) Seine Herrschaft ist groß, und der Friede hat kein Ende. Auf dem Thron Davids herrscht er über sein Reich; er festigt und stützt es durch Recht und Gerechtigkeit, jetzt und für alle Zeiten. Der leidenschaftliche Eifer des Herrn der Heere wird es vollbringen.“ (Jes 8,23-9,6)

* Vgl. Gideons Sieg über die Midianiter, Ri 7,1-8,3.

Wenn von der Sprachform her gesehen, gerade bei den letzten Zeilen dieser Weissagung das sog. Thronorakel, das beim Regierungsantritt eines Königs allgemein üblich war, als Formulierungshilfe genommen ist, dann darf man dennoch sich nicht darauf versteifen, mit diesem *„Herrscher auf dem Thron Davids“ (Jes 9,6)* sei von Jesaja der Ahas-Sohn und Nachfolger Hiskija (728-699 v. Chr.) gemeint und auf ihn als den neuen König habe sich alle Hoffnung konzentriert.
Wer einmal mit dem Gedanken ernst gemacht hat, daß der Prophet Jesaja die äußere Abfolge der Ereignisse in der Geschichte durchschaut auf die inneren Gründe hin, der wird ebenso unterscheiden. Jesaja sieht das Glück und Schicksal eines Volkes sowie den Frieden an die Verwirklichung von Recht und Gerechtigkeit gebunden. Dies sind keine oberflächig sichtbaren Wirkgrößen; dennoch wirken sie und bringen letztlich die Entscheidung herauf. Dabei kann und wird in der tatsächlich ablaufenden Geschichte noch so manche „Verzerrung“ erscheinen, wie diejenige, daß die Großmacht der Assyrer brutal sich als *„Knüppel Gottes“ (Jes 10,5)* benimmt.
Die Geschichte Israels brachte in der Tat Ereignisse von derart katastrophaler Bedeutung, wie die an der „Gelenkstelle“ des Kap. Jes 10 nach Kap. 11 gemeinten.
Bei der Ankündigung des **messianischen* Friedensreiches** kann vorausgeschaut sein auf den Untergang des Nordreichs (722 v. Chr.), aber auch des Südreichs (586 v. Chr.).
Die Vision kann als rückwärts gewendete Prophezeiung in Wirklichkeit doch diesseits der genannten Katastrophen empfangen worden sein und somit aus der Exilszeit stammen.
Der sog. Tierfriede (Jes 11,6) belegt eindeutig, daß die irdischen Verhältnisse zurückgelassen und überstiegen sind: die ausgezeichneten Verhältnisse sind an *„meinen ganzen heiligen Berg“ (Jes 11,9)*, den Gottesberg, verlegt.
Damit ist der Tempelberg in Jerusalem ins Bild gerückt, und die Schlaglichter fallen bereits von hier aus auf den nicht weniger berühmten, nicht-jesajanischen Text von der Völkerwallfahrt zum Zion „am Ende der Tage“, d.h. am Ende der Weltzeit (Jes 2,2-4).
Diese letztgenannte Vision ist eindeutig eine sog. eschatologische Schau, d.h. eine Weissagung, die Vorgänge im Auge hat, deren Vollendung nicht in der Welt, sondern erst am Ende der Weltzeit realisiert sein wird. Die Frage, wie weit solche Visionen allein dadurch, daß sie geschaut wurden, nun in der Menschheit wirken als Zeichen der Hoffnung (Jes 11,10), bleibt nicht nur jedem Jahwegläubigen, sondern allen Menschen gestellt.

* messianisch = königlich i.S.v. endzeitlich/heilbringend. Messias, wörtlich Gesalbter (König), ist hier immer ein König in der End-Zukunft.

(1) „Doch aus dem Baumstumpf Isais wächst ein Reis hervor, ein junger Trieb aus seinen Wurzeln bringt Frucht.
(2) Der Geist des Herrn läßt sich nieder auf ihm: der Geist der Weisheit und der Einsicht, der Geist des Rates und der Stärke, der Geist der Erkenntnis und der Gottesfurcht.
(3) (Er erfüllt ihn mit dem Geist der Gottesfurcht.) Er richtet nicht nach dem Augenschein, und nicht nur nach dem Hörensagen entscheidet er,
(4) sondern er richtet die Hilflosen gerecht und entscheidet für die Armen des Landes, wie es recht ist. Er schlägt den Gewalttätigen mit dem Stock seines Wortes und tötet den Schuldigen mit dem Hauch seines Mundes.
(5) Gerechtigkeit ist der Gürtel um seine Hüften, Treue der Gürtel um seinen Leib.
(6) Dann wohnt der Wolf beim Lamm, der Panther liegt beim Böcklein. Kalb und Löwe weiden zusammen, ein kleiner Knabe kann sie hüten.

(7) Kuh und Bärin freunden sich an, ihre Jungen liegen beieinander. Der Löwe frißt Stroh wie das Rind.
(8) Der Säugling spielt vor dem Schlupfloch der Natter, das Kind streckt seine Hände in die Höhle der Schlange.
(9) Man tut nichts Böses mehr und begeht kein Verbrechen auf meinem ganzen heiligen Berg; denn das Land ist erfüllt von der Erkenntnis des Herrn, so wie das Meer mit Wasser gefüllt ist.
(10) An jenem Tag wird es der Sproß aus der Wurzel Isais sein, der dasteht als Zeichen für die Nationen; die Völker suchen ihn auf, sein Wohnsitz ist prächtig." (Jes 11,1-10)
(2) Am Ende der Tage wird es geschehen: Der Berg mit dem Haus des Herrn steht fest gegründet als höchster der Berge; er überragt alle Hügel. Zu ihm strömen alle Völker.
(3) Viele Nationen machen sich auf den Weg; sie sagen: Kommt, wir ziehen hinauf zum Berg des Herrn und zum Haus des Gottes Jakobs. Er zeige uns seine Wege, auf seinen Pfaden wollen wir gehen. Denn von Zion kommt die Weisung des Herrn, aus Jerusalem sein Wort.
(4) Er spricht Recht im Streit der Völker, er weist viele Nationen zurecht. Dann schmieden sie Pflugscharen aus ihren Schwertern und Winzermesser aus ihren Lanzen. Man zieht nicht mehr das Schwert, Volk gegen Volk, und übt nicht mehr für den Krieg." (Jes 2,2-4)

Edward Hicks (1780 bis 1849): Das friedliche Königreich (ca. 1840 bis 1845). Das Bild befindet sich im Brooklyn-Museum, New York.

Jerusalem und die ausgebliebene Katastrophe im Jahre 701 v. Chr.

Sanherib nimmt auf seinem Thron die Unterwerfung der Bewohner von Lakisch, die vor ihm knien, und die Beute entgegen. Eine Inschrift vor ihm lautet: Sinacherib, der König der Welt, der König von Assyrien, setzte sich auf einen Thronsessel nieder, während die Gefangenen von la-ki-su (= Lakisch) vor ihm vorbeizogen (aus einem Relief in Sanheribs Palast in Ninive).

Ähnlich wie in den zwei Jahrzehnten zuvor im Zusammenhang mit dem syrisch-efrämitischen Krieg revoltierte im Jahre 713 v. Chr. der an der Mittelmeerküste gelegene Stadtstaat Aschdod gegen Assur. Der Aufstand wurde niedergeschlagen.

Ab dem Jahre 705 v. Chr., nach dem Tod des Assyrerkönigs Sargon II. und der Thronbesteigung seines Sohnes Sanherib, kam es zu einem von Ägypten geschürten Aufstand gegen Assur. Die treibende Kraft scheint diesmal König Hiskija von Juda-Jerusalem gewesen zu sein, der sich mit dem Pharao verbündet hatte. Jesaja verurteilte dieses Bündnis zwischen Juda und Ägypten.

(4) „Wenn auch Israels Fürsten nach Zoan gingen, und seine Boten nach Hanes:
(5) Sie werden doch alle enttäuscht von dem Volk, das nichts nützt, das niemand Nutzen und Hilfe verschafft, sondern nur Schande und Schmach bringt." (Jes 30,4-5)
›Vgl. oben S. 73.‹

Hiskija hatte die Wasserversorgung der Hauptstadt Jerusalem sichern lassen durch einen unterirdischen Stollen zur Gichon-Quelle, die außerhalb der Stadtmauer lag. Das Wasser wurde in den Siloah-Teich, der innerhalb der Stadtmauer lag, umgeleitet und der äußere Zugang zur Quelle zugeschüttet (vgl. S. 63).
Der Assyrerkönig Sanherib (705-681 v. Chr.) schickte ein Heer als Strafexpedition. Weite Teile von Palästina wurden verwüstet, 46 Städte entweder erobert oder belagert, u.a. Lakisch westlich von Jerusalem. Das ägyptische Heer, das Entlastung bringen sollte, erlitt eine vernichtende Niederlage bei Elteke in der Küstenebene von Palästina. In den Kriegsberichten des Sanherib ist die Belagerung Jerusalems mit dem bezeichnenden Satz festgehalten:
„Ich (= Sanherib) schloß ihn (= den König Hiskija) ein wie einen Vogel in seinem Käfig."
Von dieser Belagerung Jerusalems wissen auch die Kapitel 36 und 37 des Jesaja-Buchs zu berichten.
Diese Texte wurden aus den Geschichtsbüchern der Könige von Israel/Juda in das Jesaja-Buch eingestellt. Vgl. 2 Kön 18-19.
„Kurz vor der Erstürmung der Stadt ergibt

Siloah-Kanal in Jerusalem.

sich Hiskija. Sanherib reduziert den Staat Juda auf die Hauptstadt, läßt aber Hiskija im Amt, der ihm einen schweren Tribut zahlen muß. Die für assyrische Verhältnisse ungemein glimpfliche Behandlung eines hartnäckigen Rebellen überrascht. Nach 2 Kön 19 hat sie darin ihren Grund, daß der Engel Jahwäs die Belagerungstruppe mit einer Seuche geschlagen hatte, nach Herodot * war es eine ungeheure Mäuseplage, die den Abbruch der Belagerung erzwang." (Koch)

* Herodot, griech. Geschichtsschreiber der Perserkriege, „Vater der Geschichtsschreibung", gest. 425 v. Chr.

Die wunderbare Niederlage der Assyrer (2 Kön 19,1-37)

M. Merian (Holzschnitt)

Über das weitere Schicksal des Propheten Jesaja ist nichts bekannt. Wann der Beschluß des Jesaja Jes 8,16f.

„Ich will die Warnung sorgfältig bewahren und die Lehre in meinen Jüngern wie mit einem Siegel verschließen.
Ich will auf den Herrn warten, der jetzt sein Angesicht vor dem Haus Jakob verhüllt, auf ihn will ich hoffen"

zeitlich anzusetzen ist, muß offen bleiben. Jedenfalls ist mit dieser Zeichenhandlung bedeutet, daß die Prophetie des Jesaja aufbewahrt wird und daß ihre Wahrheit – und man darf wohl hinzufügen – ihre Hoffnung und Aussicht auf Rettung nicht verloren geht.

DER PROPHET JEREMIA

Der Gottesprophet Jeremia und sein Auftrag

Geschichtlicher Überblick

Als der Prophet Jeremia, ein Priestersohn aus dem kleinen Städtchen Anatot bei Jerusalem, im Jahre 628 v. Chr. von Gott zum Propheten berufen wird, steht es politisch gesehen noch verhältnismäßig gut um den kleinen Staat Juda mit seiner Hauptstadt Jerusalem.
Zwar ist von dem ehemaligen Großreich unter König David und seinem Sohn Salomo nicht mehr viel übrig geblieben. Es sind ja auch schon 400 Jahre her, seitdem dieses davidische Großreich existierte.
Zu ihm gehörten damals die Nachbarstaaten Edom, Moab, Ammon und vor allem Syrien (Damaskus).
Im Laufe der Jahrhunderte gingen diese Länder aber verloren und machten sich wieder selbständig.
Das Kernland des Volkes Israel hatte kaum 100 Jahre als einheitliches Königreich bestanden und war dann in zwei Reiche zerfallen:

in das Nordreich, das den Namen *Israel* behielt, und
in das Südreich *Juda,* das den früheren Namen des
größten der israelitischen Südstämme übernahm.

Aus dem Stamme Juda kam seinerzeit der König David und er hatte acht Jahre als König in Hebron (siehe Karte S. 11) regiert, ehe ihn nach dem Tod von König Saul auch die 10 Nordstämme zum König wählten und er dann in Jerusalem die gemeinsame Hauptstadt errichtete.
Diese Glanzzeiten waren aber in den Tagen des Propheten Jeremia längst vorbei. Der Nachfolger auf dem Thron Davids in Jerusalem hieß *Joschija* (640-609 v. Chr.). Was er sein Reich nennen konnte, umfaßte ein Gebiet etwa von der Größe des heutigen Saarlandes. Der ganze mittlere Teil und der Norden von Palästina, d.h. Galiläa und Samaria mit der ehemaligen Hauptstadt des Nordreiches, waren im Jahre 722 v. Chr. endgültig an die Neuassyrer verloren gegangen.
Diese hatten die Oberschicht der Bevölkerung nach Assur (siehe Karte S. 65) verschleppt und aus dem Land eine assyrische Provinz gemacht.
Das Südreich entging diesem Schicksal nur, weil es unter den beiden Vorgängern des Königs Joschija bereitwillig Abgaben (Tributzahlungen) an den assyrischen Eroberer leistete und auf jeden Fall die assyrische Oberhoheit anerkannte.
Natürlich war mit dieser Anerkennung der Oberhoheit auch ein bestimmter Einfluß der Assyrer auf religiösem Gebiet verbunden.
Überhaupt kann man, wenn man einen modernen Vergleich zieht, davon sprechen, daß die Assyrer für die Israeliten die große Macht im Osten sind.
Die Propheten in Israel wie z.B. Amos und auch Jeremia haben eine politische Bedrohung immer von Osten, d.h. von Assur her kommen sehen. Da man das Südreich Juda von Assur/Osten aus nur vom Norden des Landes her erreicht, spricht Jeremia beständig vom „Feind aus dem Norden“.
Wie es zu allen Zeiten mit der „Landbrücke“ Palästinas zwischen Ost und West ging, so war es auch zur Zeit des Jeremia. Die den Assyrern entsprechende Großmacht im Westen waren seit mehreren tausend Jahren die Ägypter.
Das Land am Nil mit seinen kriegerischen Pharaonen hatte den verschiedenen Herrschern des Zweistromlandes (Mesopotamien), seien es die Altbabylonier oder die Assyrer, das Einflußgebiet der palästinischen Landbrücke streitig gemacht und die Kämpfe bis nach Syrien und an den Oberlauf des Eufrat, des einen der beiden großen Flüsse Mesopotamiens getragen.
Umgekehrt war es das Bestreben der Assyrer und – wie wir noch sehen werden – der Neubabylonier, die Ägypter aus Syrien (Damaskus) und Palästina hinauszudrängen. Das aber konnte sich Ägypten nicht leisten, daß der Feind gleichsam vor seiner Haustüre saß, denn es brauchte Palästina unbedingt als einen sog. Pufferstaat und es mußte dafür Sorge tragen, daß wenigstens der Staat Juda sein Verbündeter blieb und es an der Grenze Ruhe gab.
Die geschilderten Rivalitäten und Streitereien der Großen in Ost und West um die Einflußgebiete waren jahrhundertelang das

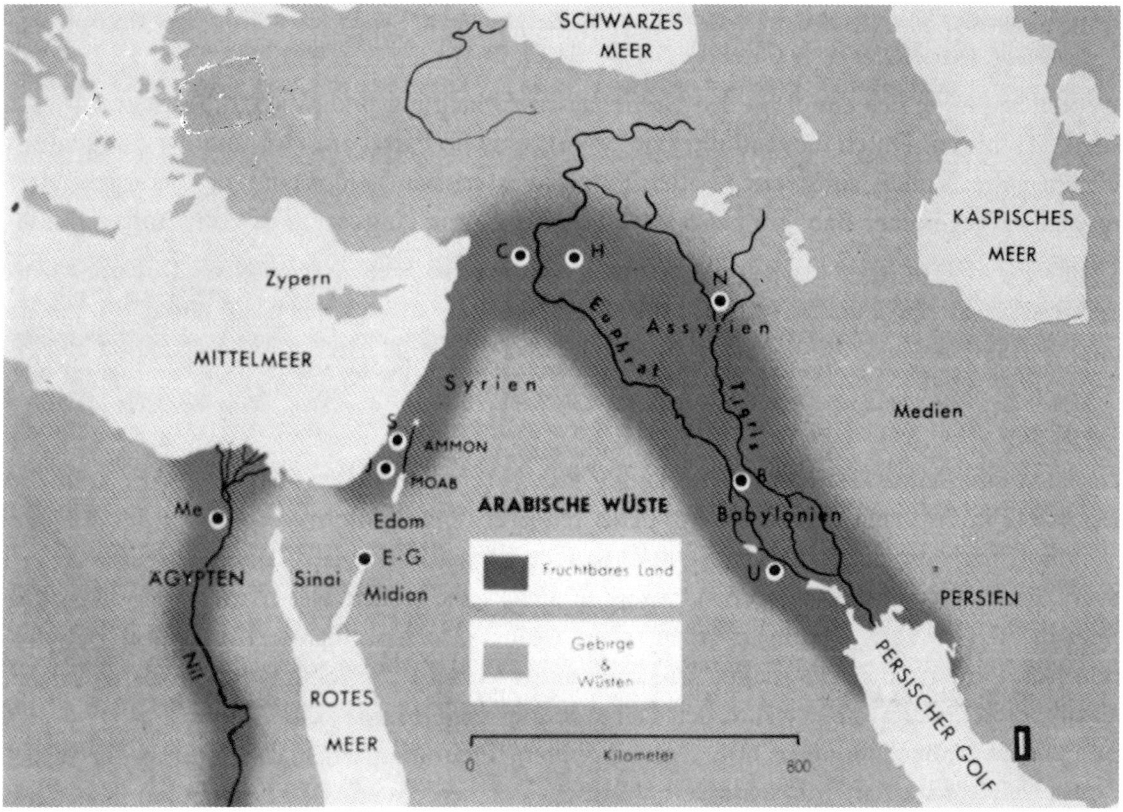

Die Landbrücke Palästina

Assyrien: C = Karkemisch, H = Haran, N = Ninive
Babylon: B = Babylon, U = Ur
Palästina: S = Samaria, J = Jerusalem, E-J = Esjon-Geber
Ägypten: Me = Memphis

Schicksal der Menschen, die in Juda und Israel, den beiden Teilreichen des ehemaligen davidischen Großreiches lebten.
Man kann sich leicht vorstellen, daß es damals in Jerusalem wie heute in der Welt zwei Parteien gab: die einen hielten es mit Ägypten, die anderen mit Assur. In jedem Fall vertrauten die Menschen auf die Bündnispolitik und sie sagten sich, besser im Schutz eines großen Staates und in einer gewissen Abhängigkeit leben, als den anderen ausgeliefert zu sein.
Aber wie sie es auch anstellten, die Gefahr war immer gegeben, daß die einen oder die anderen kamen, das Land mit Krieg überzogen, die Städte und Dörfer plünderten, die Felder verwüsteten und die Menschen in die Gefangenschaft schleppten.
Einen Anlaß zu diesem mörderischen Treiben fand man immer. Die Ursachen lagen ja, wie wir gesehen haben, in der Spannung zwischen Ost und West. Natürlich waren die Könige der kleinen und abhängigen Staaten darauf aus, sobald es möglich wurde, das Joch abzuschütteln, und sie warteten nur auf eine günstige Gelegenheit, von ihren verhaßten Oberherren abzufallen und die Tributzahlungen zu verweigern.
Das Geld konnten sie ja selbst besser für ihr eigenes Heer gebrauchen und damit Grenzbefestigungen sowie Truppenlager (Garnisonen) errichten.
Nicht zuletzt diente das Geld, das sonst ins Ausland ging dazu, den königlichen Palast prunkvoll auszubauen.
Der König Joschija von Juda, in dessen Regierungszeit die Berufung des Propeten Jeremia fällt, nützte eine günstige Gelegenheit, sich aus der assyrischen Oberherrschaft herauszulösen und Teile des ehemaligen

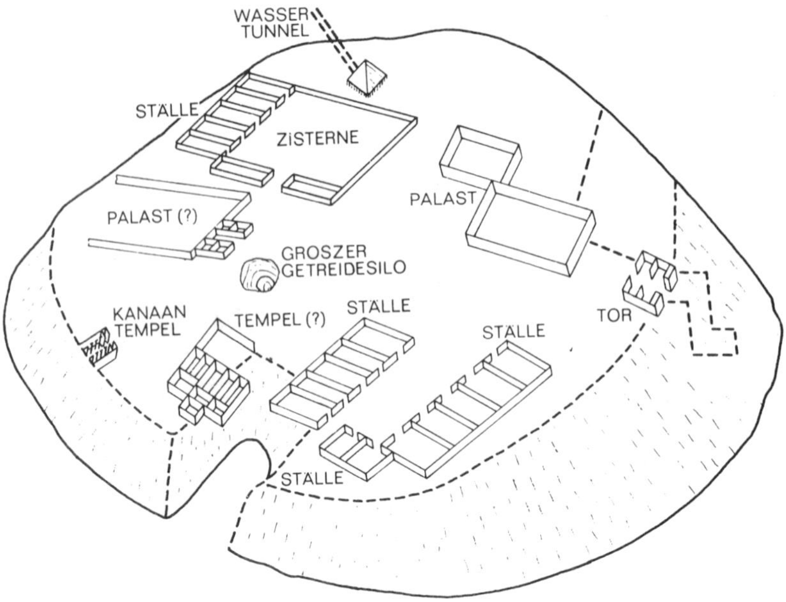

Königlicher Palast in Megiddo

Nordreiches Israel, das zur assyrischen Provinz gehörte, seinem Stammland Juda einzuverleiben.

Überhaupt schien in der internationalen Politik die Stunde gekommen, da es mit den Assyrern, der Großmacht im Osten, zu Ende ging, denn die Assyrer wurden aus ihrer Vormachtstellung durch die Neubabylonier verdrängt, und tatsächlich ging das Assyrerreich auch im Jahre 612 v. Chr. unter. Alle Anstrengungen, die nun auch von Ägypten unternommen wurden, Assyrien zu retten, schlugen fehl.

Die Ägypter als Großmacht im Westen hatten sehr wohl erkannt, welche Gefahr ihnen in den Neubabyloniern entstehen würde. Ein schwaches Assyrien wäre ihnen in jedem Fall lieber gewesen.

Ägyptisches Heer

Zug der Gefangenen

So entschloß sich der Pharao Necho, mit einem Herr über die Landbrücke Palästina ziehend, die vordrängenden Neubabylonier in Syrien aufzuhalten. König Joschija wollte dem Pharao den Weg versperren, denn er befürchtete nach einem Sieg der Ägypter deren neue und schärfere Unterjochung des ganzen Raumes der Landbrücke und Syriens.

In der Schlacht von Megiddo 609 v. Chr. wurde das judäische Heer vernichtend geschlagen, König Joschija fiel im Kampf. Kurze Zcit war Joschijas Sohn Joachaz der Nachfolger auf dem Thron in Jerusalem. Dann setzte der Pharao Necho den unzuverlässig erscheinenden Joachaz ab, brachte dessen Bruder Eljakim auf den Thron und änderte den Namen in Jojakim.

Jojakim ist der erste von drei Königen, unter denen Jeremia als Prophet in einer zweiten und letzten Lebensphase, der Leidenszeit des Propheten, auftrat.

In der Entscheidungsschlacht um den Einfluß in Syrien und Palästina verlor Pharao Necho im Jahre 605 v. Chr. bei Karkemisch am Eufrat (siehe Karte S. 83) gegen den Kronprinzen und späteren König der Neubabylonier Nebukadnezzar. Necho mußte sich zurückziehen. Nebukadnezzar drang vor und sollte bald der von den Juden am meisten gefürchtete Name werden.

Nebukadnezzar hat im Jahre 597 v. Chr. zum ersten Mal Jerusalem belagert und erobert. Noch während der Belagerung war König Jojakim gestorben.

Nebukadnezzar hat dann Jojakims Sohn Jojachin abgesetzt und mit der Jerusalemer Oberschicht nach Babylon in die Gefangenschaft verschleppt.

Der von Nebukadnezzar eingesetzte Onkel Jojachins, Mattanja, mußte seinen Namen in Zidkija ändern. Zidkija ist der letzte König von Jerusalem vor dem Babylonischen Exil.

Während der zweiten Belagerung der Stadt, die ungleich grausamer als die erste Belagerung war und 586 zu Ende ging, wurde Zidkija von den Neubabyloniern bei einem Ausbruchsversuch gefaßt und ins Lager der Eroberer nach Ribla transportiert.
Dort wurden die Söhne Zidkijas vor den Augen ihres Vaters hingerichtet, er selbst bekam mit einem glühenden Eisen die Augen ausgebrannt.
Was von den Jerusalemern noch übrig blieb, wurde in einem langen Gefangenenzug nach Babylon ins Exil geschleppt.
Von allen diesen Dingen hören wir in den Worten und Aussprüchen des Propheten Jeremia, die wir im folgenden noch näher betrachten werden.
Es ist klar, daß ein Jahwe-Prophet wie Jeremia scharfsichtig seine Zeit beobachtet und nicht zu allem ja und Amen sagt. Jeremia hat durchaus die bedrückenden Verhältnisse, in denen er und seine Mitmenschen leben müssen, im Auge.
Wozu Jeremia im Auftrag Gottes Stellung nimmt, ist nicht immer leicht zu begreifen. Doch es ist sicher, daß Gott auch immer politisch gehört werden will und auf die Politik einwirken will.
Wenn Gott zu den Menschen spricht, könnte man meinen, dies beschränke sich auf einen privat-religiösen Bereich, so z.B. daß Gott die Menschen auffordern würde, mehr zu beten und mehr im Tempel von Jerusalem zu opfern, im übrigen sich aber um das Leben draußen in der Welt, im Alltag und in der großen Politik, nicht zu kümmern. Das genaue Gegenteil ist der Fall.
Gott findet das sog. religiöse Leben nicht in Ordnung, wenn es keine rechten Folgen für das zwischenmenschliche Leben hat und sich nicht bis in die Staats- und Weltpolitik hinein auswirkt.
Oft geht es Jeremia wie seinen Zeitgenossen, daß er selbst nicht gleich versteht, was die Gottesbotschaft bedeutet.
Oder es kann vorkommen, daß Jahwe schweigt und den Propheten warten läßt, bis er dann sein Wort an Jeremia weitergibt, damit es die Menschen aus dem Mund von Jeremia vernehmen.
Wie von den meisten Propheten Israels besitzen wir auch vom Propheten Jeremia einen Selbstbericht über seine Berufung zum Propheten. Jeremia hat diesen Bericht über sich nicht bloß wie einen Eintrag in sein Tagebuch geschrieben, obwohl seine Berufung für ihn zweifellos ein echtes Erlebnis war und sie auch seinem Leben eine ganz neue Richtung gegeben hat.

Wie wird man Prophet in Israel?

In sein Tagebuch hätte Jeremia vielleicht schreiben können, daß er öfter eine innere Stimme gehört hat. So wie uns unser Gewissen begleitet und uns von Zeit zu Zeit an etwas erinnert, was längst geschehen ist. Dann erleben wir gleichsam noch einmal das wichtigste, was damals passiert ist und es steht lebendig vor unserem inneren geistigen Auge. Wir gewinnen sogar ein klares Urteil über uns: dieses Mal war es gut, jenes Mal war es schlecht, wie wir uns verhalten haben.

Der Propet Jeremia
Berühmte Darstellung durch Michelangelo (1475-1564).
Deckengemälde in der Sixtinischen Kapelle im Vatikan, Rom.

Muß es nicht für einen Menschen etwas Großartiges sein, wenn er fühlt, Gott läßt jetzt durch ihn den Menschen etwas mitteilen, was wichtig ist?

Jeremia hätte in sein Tagebuch auch etwa folgende Notizen eintragen können: „Als mir heute wieder der Gedanke kam, daß mich Gott mit einer entscheidenden Botschaft zu meinen Mitmenschen schickt, da lief es mir heiß und kalt über den Rücken. Soll ich stolz darauf sein, daß ich es bin, der diese wichtige Botschaft ausrichten darf? Werden sich die Menschen danach richten?" Manch banger Zweifel könnte Jeremia beschlichen haben: „Und wenn das alles meine Einbildung ist, wenn Gott nicht wirklich dahinter steht?"

Selbst wenn Jeremia allmählich die Zweifel überwand und sicher fühlte, daß Gott etwas mit ihm vorhatte, dann waren da ja noch seine Landsleute. Von ihnen wußte er, daß sie ihn bestimmt mochten. Er war einer von ihnen. Scinc Familie war seit Generationen ein angesehenes Priestergeschlecht.
Aber würden ihn die Leute auch noch mögen und als einen der ihren betrachten, wenn er den Menschen ins Gewissen reden muß, wenn er die verkehrten Taten, die überall im Volk Israel und in der Welt geschehen, anklagen muß? Was bedeutete es eigentlich, Prophet Gottes, Jahwe-Prophet zu sein?
Welches Gefühl konnte Jeremia haben, wenn er sich vor Augen stellte, daß seine Mitmenschen erschrecken und vor der Wahrheit betroffen sind, ja mitten ins Herz getroffen sind, wenn sie sehen, daß ihre geheimen und verkehrten Gedanken offenbar gemacht werden? Mußten sie nicht zittern vor dieser Bloßstellung? War das nicht eine unheimliche Macht, die da von Gott in die Hände des Jeremia gelegt wurde? Konnte Jeremia nicht darüber triumphieren, daß er so die Menschen in die Hand bekam, und auf diese Weise Gewalt über sie hatte?
Für gewöhnlich hatten Propheten in Israel und in der ganzen Alten Welt die Aufgabe, den Menschen ein günstiges Geschick herauszufinden und dieses ihnen auch mitzuteilen. Besonders wenn Menschen oder ganze Völker vor einer schwierigen Entscheidung standen, wurde von Priestern und Propheten die Schicksalweisung (Orakel) eingeholt, so z.B. vor einem Kriegszug oder wenn man durch einen Angriff der Feinde in Not geriet und die Entscheidungsschlacht wagen mußte. Prophet sein heißt also über das Schicksal Bescheid erteilen.
Aus Aufzeichnungen, die der Prophet Jeremia zu einer anderen Zeit gemacht hat, wissen wir, daß Jeremia kein Machtgefühl darüber empfand, daß Jahwe ihn zum Propheten bestellt hatte.
Jeremia wußte, daß Gott mit der Berufung nahezu Unmenschliches vom Propheten verlangt.

Wir ersehen aus den „Bekenntnissen" des Jeremia, daß er auch gern einmal fröhlich im Weinhaus saß, und wie er klagte, daß ihm öfter alle Lust am Leben verloren gegangen war. Jeremia fühlte sich als Prophet einsam; er durfte keine Frau und Kinder haben. So beklagt sich Jeremia, daß ihn die Hand Gottes gepackt habe und daß er allein bleiben muß, fern von der Runde fröhlicher Menschen. Ja noch mehr: wer einsam ist, den betrachten die Menschen zunehmend mit Scheu und Argwohn.
„Das ist keiner von uns", sagen sie und „dcr hat etwas gegen uns".
Jeremia fürchtet sich davor, daß er isoliert wird und daß die Menschen ihn als ihren Widersacher und Feind betrachten. Er hat deshalb Angst, weil er befürchtet, daß ihn die Menschen schließlich beseitigen wollen. Denn mit einem, der zuviel weiß und der einem ständig ins Gewissen redet, läßt sich nicht zusammen leben. „Was will er denn, der ewige Nörgler?", so mögen die Volksgenossen des Jeremia empfunden haben.

Gott sagt Jeremia seinen Beistand zu

Wir wissen es von Jeremia selbst und auch von anderen Propheten, daß Gott immer dann, wenn der Prophet schwankend wird und an seiner Aufgabe schier verzweifeln möchte, eingreift und den sich weigernden Propheten bestärkt.
Jeremia wendet gegen seinen Auftrag, den er von Gott übernehmen soll, ein,
- daß er ein junger Mann ist,
- daß er noch unerfahren ist und den Machenschaften und Intrigen der Menschen nicht gewachsen ist.
- Gott stärkt Jeremia mit der Gewißheit, daß schließlich niemand gegen Gott selbst ankommen kann.

Wie das Jeremia erfuhr, ist sein Geheimnis geblieben. Doch eines hat Jeremia uns versichert: Jeremia wußte, daß Gott hinter ihm stand. Jeremia läßt durchblicken, daß ein sooft leicht dahingesagtes Wort: Der Herr

(= Jahwe) ist mit jemand, „mit euch“, „mit uns“ eine unheimliche Kraft in sich trägt.
In seinem Selbstbericht über seine Berufung, den Jeremia nach vielen Jahren, da er schon Prophet war, verfaßt hat, stellt Jeremia diese Gotteserfahrung als ein direktes Sprechen Gottes dar, gleichsam als ein befehlendes Wort, aber auch als einen Zuspruch und eine Versicherung. Es klingt im Zwiegespräch (Dialog) zwischen Gott und dem Propheten Jeremia eher wie ein vertrauter Zuspruch, den Jahwe an seinen Propheten hat:

Sag nicht: Ich bin noch so jung. Geh, wohin ich dich sende, tu, was ich dich heiße. Fürchte dich nicht vor ihnen; denn ich bin mit dir, um dich zu retten. (Jer 1,7f.)

Wenn man noch einmal im ganzen den Selbstbericht, den Jeremia über seine Berufung zum Propheten abgefaßt hat, überblickt, dann sieht man, daß der Bericht nicht nur einzelne Ereignisse und Augenblicke festhält in der Entwicklung, die Jeremia durchgemacht hat, bis ihm gewiß wurde, daß Jahwe ihn berufen hat. Diese Zeilen stellen eine ganze Denkschrift (Memorabile) dar, die Jeremia über sein Berufungserlebnis verfaßt hat. Ja sie geben schon Hinweise auf sein Schicksal als Jahwe-Prophet, der er nun zu sein hatte. Ganz sicher ist die jahrelange Erfahrung des Jeremia als Prophet in Jerusalem und Juda in diesen Rechenschaftsbericht über die Berufung zum Propheten miteingeflossen.

Die Bedeutung seiner Berufung war Jeremia schließlich so gewiß, daß er sie so verstand, daß Gott Jeremia schon vor seiner Entstehung als Kind im Mutterleib und vor seiner Geburt zu diesem Prophetenamt auserwählt hatte:

Das Wort des Herrn erging an mich: Noch ehe ich dich im Mutterleib formte, habe ich dich ausersehn, noch ehe du aus dem Mutterschoß hervorkamst, habe ich dich geheiligt, zum Propheten für die Völker habe ich dich bestimmt. (Jer 1,4f.)

Die Denkschrift über die Berufung des Jeremia schließt in ihrem ersten Teil mit einer sog. Zeichenhandlung, die Jeremia an sich erlebt. Jeremia sieht in einer Vision, wie Gott seine Hand ausstreckt, den Mund des Jeremia berührt und zu ihm sagt:

„Hiermit lege ich meine Worte in deinen Mund. Sieh her! Am heutigen Tag setze ich dich über Völker und Reiche; du sollst ausreißen und niederreißen, vernichten und einreißen, aufbauen und einpflanzen.“
(Jer 1,9f.)

Mit diesen gedrängten Worten und Begriffen ist das ganze Prophetenleben des Jeremia umschrieben. Es wird sich in den folgenden Ereignissen zeigen, was mit diesem „ausreißen und niederreißen“ – „aufbauen und einpflanzen“ eigentlich gemeint ist.

Die Berufung des Jeremia zum Propheten: Jer 1,4-10

(4) Das Wort des Herrn erging an mich:
(5) Noch ehe ich dich im Mutterleib formte, habe ich dich ausersehn, noch ehe du aus dem Mutterschoß hervorkamst, habe ich dich geheiligt, zum Propheten für die Völker habe ich dich bestimmt.
(6) Da sagte ich: Ach, mein Gott und Herr, ich kann doch nicht reden, ich bin ja noch so jung.
(7) Aber der Herr erwiderte mir: Sag nicht: Ich bin noch so jung. Wohin ich dich auch sende, dahin sollst du gehen, und was ich dir auftrage, das sollst du verkünden.
(8) Fürchte dich nicht vor ihnen; denn ich bin mit dir, um dich zu retten – Spruch des Herrn.
(9) Dann streckte der Herr seine Hand aus, berührte meinen Mund und sagte zu mir: Hiermit lege ich meine Worte in deinen Mund.
(10) Sieh her! Am heutigen Tag setze ich dich über Völker und Reiche: du sollst ausreißen und niederreißen, vernichten und einreißen, aufbauen und einpflanzen.

Die Gerichtsworte des Jeremia über Juda und Jerusalem in der Zeit der Könige Joschija und Jojakim

Der Abfall des Volkes von seinem Gott Jahwe – Jeremia mahnt zur Umkehr

Wie schon in der Denkschrift des Jeremia über seine Berufung sichtbar wurde, muß der Prophet seinem halsstarrigen Volk die Bestrafung ansagen, wenn es nicht schleunigst umkehrt.
In Juda und Jerusalem gilt nicht mehr Recht und Gerechtigkeit. Das war eine furchtbare Tatsache.
Man hat Jahwe, den Befreiergott, der damals Israel aus dem Sklavenhaus Ägyptens gerettet hatte, vergessen. In Israel war zwar seit Jahrhunderten die Freiheitsordnung der Zehn Gebote bekannt. In den Zehn Geboten stand deutlich zu lesen und dies wurde auch bei den Festbegehungen im Jerusalemer Tempel vorgetragen: daß Jahwe sein Volk befreit hat und daß er will, daß es zusammen mit ihm lebt und daß die Israeliten untereinander in Freiheit leben.
Vielen Israeliten war aber ein bequemes und habgieriges Leben lieber, als daß sie Recht und Gerechtigkeit eingehalten hätten.
Solche Leute bereicherten sich auf Kosten ihrer Mitbürger, ja sie zogen noch Gewinn aus der wirtschaftlichen Not und der Armut, in die ihre Volksgenossen durch Mißernten und anderes Unglück, z.B. durch Krankheit und Viehsterben geraten waren.
War eine israelitische Familie einmal verarmt, konnte sie jedem Geldwucherer und Großgrundbesitzer zum Opfer fallen. Diese Leute liehen bereitwillig Gelder aus, und wenn es ein israelitischer Bauer nicht zurückzahlen konnte, mußte er sich immer weiter verschulden und verpfändete schließlich seine Äcker, Haus und Hof, ja seine Kinder oder sich selbst als Arbeitssklave.
Gewiß war nicht die Mehrzahl der Bewohner Judas und Jerusalems von diesem bitteren Schicksal bedroht oder mußte es erleiden.
Aber es gab ja noch viele andere versteckte und auch offene Not. Jeremia muß im Namen Gottes den verantwortlichen Leuten in Jerusalem sagen:

(32) „Mein Volk hat mich vergessen seit ungezählten Tagen.

(34) Selbst am Saum deiner Kleider klebt das Blut von Armen und von Unschuldigen.“ (Jer 2,32.34)

Jeremia klagt das erbarmungslose Gewinnstreben der Geschäftemacher in Jerusalem und Juda mit folgenden Worten an:

(13) „Sie sind doch alle, vom Kleinsten bis zum Größten, nur auf Gewinn aus; vom Propheten bis zum Priester betrügen sie alle.
(14) Den Schaden meines Volkes möchten sie leichthin heilen, indem sie rufen: Heil, Heil! Aber kein Heil ist da.
(15) Schämen müßten sie sich, weil sie Greuel verüben. Doch sie schämen sich nicht. Scham ist ihnen unbekannt.“ (Jer 6,13-15)

Der Feind aus dem Norden

In den zahlreichen Droh- und Unheilsworten, die Jeremia in jener Zeit auszurichten hat, ist immer sehr auffällig der Feind aus dem Norden genannt.

(5) „Meldet es in Juda, verkündet es in Jerusalem, stoßt überall im Land in die Trompete, ruft aus voller Kehle und sagt: Sammelt euch! Hinein in die befestigten Städte!
(6) Stellt Wegzeichen auf: Nach Zion! Flüchtet, bleibt nicht stehen! Denn Unheil bringe ich von Norden und großes Verderben.
(7) Der Löwe hat sich aus dem Dickicht erhoben, der Völkerwürger ist aufgebrochen; er hat sein Land verlassen, um dein Land zur Wüste zu machen, deine Städte werden zerstört und entvölkert.“ (Jer 4,5-7)

Wer ist dieser Feind aus dem Norden? Zu Anfang der Tätigkeit des Jeremia mag es noch eine Bedrohung durch die Assyrer gegeben haben, später sind es die Neubabylonier. Aus den Geschichtsbüchern des Alten Testaments wissen wir, daß König Jojakim zuerst dem neubabylonischen Herrscher Nebukadnezzar tributpflichtig blieb, aber nach drei Jahren fiel er von ihm ab.
Nebukadnezzar konnte zunächst noch nicht selbst zu einer Strafexpedition aufbrechen, aber es war abzusehen, daß er es bei nächster Gelegenheit tun würde.
Den Zeitgenossen von Jeremia schien es wie manchem von uns Heutigen unverständlich, warum gerade ein so grausames Volk wie die Assyrer und die Babylonier die „Geißel Gottes“ sein sollten. Mit rein natürlichem Verstand betrachtet, ist auch nicht einsichtig, daß wenn ein Volk ein anderes im Krieg besiegt und es unterwirft, darin eine besondere Fügung Gottes geschehen sein soll. Das ist kaum glaubhaft.
Die Sache sieht schon anders aus, wenn man sich vom Propheten die Augen öffnen läßt für das Unrecht und das Leid, das in Juda und Jerusalem die eigenen Volksgenossen sich zufügen.
Hat ein solches Volk etwas anderes verdient als das blinde Schicksal, das heute da und morgen dort zuschlägt, unbarmherzig, wie ja auch die Menschen in den Mauern Jerusalems und im Land Juda unbarmherzig zueinander sind?
Die Propheten haben keineswegs gesagt, die Assyrer oder die Babylonier seien Leute, die Gott gefallen und das Recht tun. Gott benützt sie als Strafwerkzeuge und wirft – im Bild gesprochen – die Geißel weg, wenn er sie nicht mehr zur Züchtigung seines Volkes braucht.
Die Propheten beharren aber darauf, daß jedes Volk, das sich an Gottes Freiheitsordnung, an die Zehn Gebote hält, in Freiheit leben kann.

Wenn wir hier eine Anklage des Jeremia sehen, die er gegen die Priester und Heilspropheten richtet, dann verurteilt Jeremia diese Priester und Propheten schon deswegen, weil sie zu allem ja und Amen sagen und das Unrecht nicht beim Namen nennen, sondern es vertuschen wollen.
Das sittliche Leben der Jerusalemer war weitgehend ruiniert und die grobe Unsittlichkeit nahm überhand.
Jeremia muß im Namen Gottes Anklage gegen die treulosen Ehemänner führen.
Durch den Propheten hören wir Gott direkt sagen:

(7) „Ich (= Gott) machte sie (d.h. die Israeliten) satt, doch sie trieben Ehebruch und waren zu Gast im Dirnenhaus.
(8) Hengste sind sie geworden, feist und geil, jeder wiehert nach der Frau seines Nächsten.
(9) Sollte ich das nicht bestrafen – Spruch des Herrn – und an einem solchen Volk keine Rache nehmen?“ (Jer 5,7-9)

Rekonstruktion des salomonischen Tempels

Würden alle Völker diese Ordnung einhalten, würden sie nicht auf die Stufe der Unfreiheit absinken. Wir sehen das heute immer mehr ein, wenn die Konflikte unter den Völkern am Verhandlungstisch gelöst werden, anstatt, wie noch vor 50 Jahren in Europa, durch Kriege.

Die Tempelrede des Jeremia gegen falsche Sicherheit

Trotz vieler Mißstände und trotz des Unglücks, das das Nordreich Israel, das Brudervolk im Norden, mit der Hauptstadt Samaria getroffen hat, glaubten im Südreich Juda und insbesondere in dessen Hauptstadt Jerusalem viele nicht so recht an die Drohbotschaft des Jeremia.
War es nicht so, daß schon einmal einer dieser Jahwe-Propheten, der Prophet Micha aus Moreschet, etwa 100 Jahre vor Jeremia den Untergang des Tempels und der Stadt Jerusalem prophezeit hatte – aber nichts davon war eingetroffen?
Im Gegenteil, als nach dem Fall von Samaria zwei Jahrzehnte später der assyrische Feldherr Sanherib Jerusalem belagerte und die Stadt fast zur Übergabe gezwungen hätte, mußte er plötzlich Hals über Kopf die Belagerung abbrechen und nachhause eilen, weil dort ein Aufstand ausgebrochen war.
Hatte nicht Jahwe auf wunderbare Weise sein Schutzversprechen wahrgemacht und den Tempel samt der Stadt Jerusalem und ihre Bewohner gerettet?
Jeremia wußte wie alle Leute in Juda und Jerusalem von diesem wunderbaren Schutz, den Jahwe seinem Volk und seinem Tempel zugesichert hatte.
Jeremia wußte aber auch, daß Gott nicht bedingungslos seinen Schutz gewährt.
Als Priestersohn kannte Jeremia besonders gut die nachfolgend abgedruckten Psalmen. Diese Gebete wurden demjenigen, der am Tempelgottesdienst teilnehmen wollte, am Eingang des Tempels vorgesprochen. Jeder Israelit und Teilnehmer am Gottesdienst mußte damit ein Bekenntnis über sein vergangenes Leben und ein Versprechen über seinen zukünftigen Lebenswandel ablegen.
Es geht stets um die gleiche Sache: **Recht und Gerechtigkeit** tun!

Herr, wer darf Gast sein in deinem Zelt, wer darf weilen auf deinem heiligen Berg?
(2) Der makellos lebt und das Recht tut; der von Herzen die Wahrheit sagt
(3) und mit seiner Zunge nicht verleumdet; der seinem Freund nichts Böses antut und seinen Nächsten nicht schmäht;
(4) der den Verworfenen verachtet, doch alle, die den Herrn fürchten, in Ehren hält;

der sein Versprechen nicht ändert, das er seinem Nächsten geschworen hat;
(5) der sein Geld nicht auf Wucher ausleiht und nicht zum Nachteil des Schuldlosen Bestechung annimmt.
Wer sich danach richtet, der wird niemals wanken. (Ps 15,1-5)

(3) Wer darf hinaufziehn zum Berg des Herrn, wer darf stehn an seiner heiligen Stätte?
(4) Der reine Hände hat und ein lauteres Herz, der nicht betrügt und keinen Meineid schwört.
(5) Er wird Segen empfangen vom Herrn und Heil von Gott, seinem Helfer.
(6) Das sind die Menschen, die nach ihm fragen, die dein Antlitz suchen, Gott Jakobs. (Ps 24,3-6)

Wenn also jemand Recht und Gerechtigkeit tut, dann darf er sicher sein, daß er Gott gefällt. Wie jemand **Recht und Gerechtigkeit** übt, kann im einzelnen noch näher bestimmt werden.
In beiden Psalmen sind Einzelbeispiele genannt, etwa
reine Hände haben, d.h. keine bösen Taten begangen haben,
ein lauteres Herz haben, d.h. nichts Böses gegen den Nächsten sinnen,
nicht betrügen und keinen Meineid schwören usw.
Wir erkennen unschwer, daß auf diese Weise eine ganze Reihe von Geboten und Weisungen, ebenso eine ganze Reihe von Verboten und Weisungen den Menschen vor Augen gestellt und in ihr Gewissen gerückt werden.
Wir könnten leicht die Weisungen der Zehn Gebote an die Stelle der Beispiel-Sätze bringen.

Jeremia greift eines schönen Tages in das Geschehen am Tempel ein und hält eine flammende Protestrede.
Sie ist im nachfolgenden abgedruckt:

(3) So spricht der Herr der Heere, der Gott Israels: Bessert euer Verhalten und euer Tun, dann will ich bei euch wohnen hier an diesem Ort.
(4) Vertraut nicht auf die trügerischen Worte (= die die übrigen Propheten sprechen): Der Tempel des Herrn, der Tempel des Herrn, der Tempel des Herrn ist hier!
(5) Denn nur wenn ihr euer Verhalten und euer Tun von Grund auf bessert, wenn ihr gerecht entscheidet im Rechtsstreit,
(6) wenn ihr die Fremden, die Waisen und Witwen nicht unterdrückt, unschuldiges Blut (beim Tempelgericht) *an diesem Ort nicht vergießt und nicht anderen Göttern nachlauft zu eurem eigenen Schaden,*
(7) dann will ich bei euch wohnen an diesem Ort, in dem Land, das ich euren Vätern gegeben habe für ewige Zeiten.

Soweit hat Jeremia die rechte Gottesweisung zitiert, sie damit seinen Zuhörern in Erinnerung gebracht und vor ihr Gewissen gestellt.
Dann fährt Jeremia fort:

(8) Freilich, ihr vertraut auf trügerische Worte, die nichts nützen.
(9) Wie? Stehlen, morden, die Ehe brechen, falsch schwören, dem Baal opfern und anderen Göttern nachlaufen, die ihr nicht kennt.
(10) Und dabei kommt ihr und tretet vor mein Angesicht in diesem Haus, über dem mein Name ausgerufen ist, und sagt: Wir sind geborgen!, um dann weiter alle jene Greuel zu treiben.
(11) Ist denn in euren Augen dieses Haus, über dem mein Name ausgerufen ist, eine Räuberhöhle geworden? Gut, dann betrachte ich es auch so – Spruch des Herrn.
(12) Geht doch zu meiner Stätte in Schilo, wo ich früher meinen Namen wohnen ließ, und schaut, was ich ihr angetan habe wegen des Bösen, das mein Volk Israel verübt hat.*
(13) Nun denn, ihr habt genau das gleiche getan – Spruch des Herrn. Als ich immer wieder zu euch redete, habt ihr nicht gehört; als ich euch rief, habt ihr nicht geantwortet.
(14) Deshalb werde ich mit dem Haus, über dem mein Name ausgerufen ist und auf das ihr euch verlaßt, und mit der Stätte, die ich euch und euren Vätern gegeben habe, so verfahren, wie ich mit Schilo verfuhr.
(15) Verstoßen werde ich euch von meinem Angesicht, wie ich alle eure Brüder, alle Nachkommen Efraims (= das Nordreich), verstoßen habe. (Jer 7,3-15)

* Schilo war das frühe Jahwe-Heiligtum, wo in der Zeit der Philisterkriege die Bundeslade aufbewahrt wurde. Die Bundeslade wurde später von König David nach Jerusalem überführt (2 Sam 6).

Der Prophet Jeremia wird wegen seiner Botschaft verfolgt und verhaftet – der Untergang Jerusalems

Obwohl Jeremia nach seiner Tempelrede noch einmal mit dem Leben davon gekommen war, rieten ihm seine Freunde, die Jeremia auch unter den königlichen Beamten besaß, er solle sich verstecken.
Jeremia gab daraufhin seinem Schüler Baruch den Auftrag, alle Worte, die Jeremia bis jetzt von Gott empfangen hatte, aufzuschreiben und im Tempel zu verlesen. Jeremia selbst durfte nicht mehr in der Öffentlichkeit erscheinen. Baruch schrieb daraufhin die ganze Botschaft des Jeremia in eine Buchrolle und verlas diese Rolle vor den Leuten im Vorhof des Tempels, die zu einer Festversammlung zusammengekommen waren.
Der Tempelaufseher Micha aus der Familie Schafan und seine Beamten mußten, nachdem sie die Buchrolle dem Baruch abgenommen hatten, König Jojakim von diesem Vorgang Meldung machen. Der König ließ sich durch den Beamten Jehudi die Schriftrolle schleunigst bringen.
Es war an einem kalten Wintertag des Jahres 605 v. Chr. Der König stand mit seinen Dienern vor dem Kohlenfeuer in seinem Palast. Immer wenn Jehudi einige Zeilen vorgelesen hatte, schnitt König Jojakim mit einem scharfen Messer das verlesene Stück der Rolle ab und warf es ins Feuer. Voller Entsetzen sahen es die Umstehenden. Sie fürchteten sich vor den Folgen dieser Freveltat. Aber König Jojakim vertraute seiner Bündnispolitik mehr als den Warnungen, die Gott ihm durch Jeremia zukommen ließ.
Nachdem ein neuer Pharao in Ägypten den Thron bestiegen hatte, schlossen sich die Kleinstaaten Juda, Edom, Moab, Tyrus und Sidon an Ägypten an und trotzten dem Großkönig Nebukadnezzar in Babylon. Dieser brach nach einiger Zeit doch von seiner Heimat Chaldäa zu einem Feldzug gegen die Verbündeten nach Syrien und Palästina auf.
Nebukadnezzar hatte Jerusalem bald ohne nennenswerten Widerstand eingenommen. Es war fast ein Glück, daß König Jojakim noch während der Belagerung gestorben war und sein Sohn Jojachin die Regierung übernommen hatte.
Nebukadnezzar setzte Jojachin ab und verschleppte ihn zusammen mit der Königinmutter und den Leuten der Oberschicht nach Babylon. Der von Nebukadnezzar zum König eingesetzte Onkel Jojachins, der wie bereits erwähnt (s. S. 85) den Namen Zidkija angenommen hatte, verpflichtete sich zu großen Abgaben.
Es war wie seinerzeit bei König Jojakim auch für König Zidkija nur eine Frage der Zeit, wann er dem Großkönig in Babylon den Gehorsam aufkündigen würde und es wieder mit der Macht im Westen, mit den Ägyptern, halten würde.
Jeremia sah keine Aussicht, daß die Leute in Juda und vor allem der Königshof in Jerusalem von ihrem verkehrten Leben abließen.
Schon kurz nach der Thronbesteigung Zidkijas prophezeite Jeremia ihm, daß er und das Land Juda nur mit den nackten Leben davonkommen, wenn sie sich den Chaldäern, den Herren aus Babylon fügen. Gott habe, so teilte Jeremia dem Zidkija mit, seinen Plan. Und in diesem Plan bestimmte Gott, wie die Weltgeschichte zu verlaufen hatte.

Emil Nolde, Prophet

(8) Zu diesem Volk aber sollst du sagen: So spricht der Herr: Seht, den Weg des Lebens und den Weg des Todes stelle ich euch zur Wahl. (9) Wer in dieser Stadt bleibt, der stirbt durch Schwert, Hunger und Pest. Wer aber hinausgeht und sich den Chaldäern, die euch belagern, ergibt, der wird überleben und sein Leben wie ein Beutestück gewinnen.

(Jer 21,8f.)

Gott betrachtet die Neubabylonier als sein Werkzeug. Zur von Gott bestimmten Zeit müssen auch sie die Untertanen anderer Völker werden.* Jeremia mußte diesen Plan Gottes verkünden, ob es ihm paßte oder nicht paßte.

Eines Tages schrieb Jeremia einen Brief an die Verbannten in Babylon, worin er den nach Babylon verschleppten Juden mitteilte, wie sie sich verhalten sollten und ob sie Aussicht auf eine Rückkehr hätten. Jeremia ließ ihnen sagen, sie sollten bleiben, wo sie waren, in Babylon. Sie sollten dort ihre Häuser bauen und sich mit ihren Familien auf ein gedeihliches Leben einrichten.

Man kann sich vorstellen, mit welcher Wut die Leute in Jerusalem einen Mann wie Jeremia betrachteten. Predigte Jeremia nicht ständig den Abfall zum Todfeind, den Babyloniern? War Jeremia nicht ein sog. Defätist, d.h. einer, der zur Übergabe der Stadt und des Landes an den Feind aufforderte?

In den letzten Jahren der Regierung des Königs Zidkija zogen sich die Wolken des Unheils über das Land Juda und über der Hauptstadt Jerusalem zusammen. Man schrieb das Jahr 588 v. Chr. Der Großkönig Nebukadnezzar hatte das ganze Land mit Krieg überzogen, fast alle Städte waren gefallen, nur die Festungen Aseka und Lachisch, die in der näheren Umgebung von Jerusalem lagen, leisteten wie Jerusalem, die Hauptstadt, noch tapferen Widerstand.

* Dies geschah durch Kyros, den König der Perser, im Jahre 538 v. Chr. Kyros erlaubt den Juden in Babylon die Heimkehr nach Jerusalem.

Jeremia war in Jerusalem am Benjamintor von einem Hauptmann erkannt worden, wie er nach draußen ging. Wollte Jeremia nicht zum Feind überlaufen? Jeremia wurde auf der Stelle verhaftet und in den Wachhof der königlichen Burg in die Obhut des Staatsschreibers Jonatan gebracht. Dieser sperrte Jeremia in das Verlies einer Zisternenhöhle. Als Jeremia trotz dieser Einkerkerung seinen Sinn nicht änderte und weiterhin verkündete, daß man sein Leben nur als Beute retten könne, wenn man dem Feind die Tore öffnet, gedachte die Kriegspartei, Jeremia umzubringen. Man warf ihn in die Zisterne des Prinzen Malkija, die innerhalb des Wachhofes lag, wobei man Jeremia an Stricken hinunterließ. Da in der Zisterne kein Wasser war, sank Jeremia bis an die Schulter in den Schlamm ein.

Es ist nur einem Ausländer, dem Kuschiten Ebed-Melek, zu verdanken, daß Jeremia am Leben blieb. Ebed-Melek erreichte beim König, daß er Jeremia wieder mit Stricken herausziehen konnte.

König Zidkija, der inzwischen praktisch der Gefangene seiner eigenen Generale und Hofbeamten war, wollte von Jeremia heimlich ein Orakel einholen. Jeremia verlangte vom König, daß man ihn nicht wieder in das Verlies des Staatsschreibers Jonatan zurückbringt, sondern in einer erträglichen Haft im Wachhof leben läßt und ihm dort auch etwas zu essen gibt.

König Zidkija, der des Nachts zu Jeremia geschlichen war und ihm drohte, niemandem etwas von diesem Besuch zu sagen, sonst müsse Jeremia sterben, sicherte dem Propheten diese besseren Haftbedingungen zu.

Wer nun dächte, Jeremia nütze die Gelegenheit und sage König Zidkija ein günstiges Orakel, der hätte sich geirrt. Jeremia bleibt bei seinem harten Nein. Es gibt keine andere Lösung als die Übergabe. Enttäuscht und zu Tode erschrocken wendet sich König Zidkija von Jeremia ab.

Als die königlichen Beamten Jeremia tags darauf verhörten, sagte Jeremia, er habe bei der nächtlichen Zusammenkunft mit Zidkija den König gebeten, nicht wieder in die schlammige Zisterne geworfen zu werden. Diesmal ließen die königlichen Beamten Jeremia in Ruhe.

Als endlich nach zwei Jahren erbitterter Belagerung Jerusalem gefallen war, geriet auch Jeremia in die Gefangenschaft, und es ist nur dem neubabylonischen Kommandanten der Leibwache, Nebusaradan, zu verdanken, daß er Jeremia aus dem langen Gefan-

Eine Zisterne, wie sie in Palästina üblich war (Hazor).

genenzug zerlumpter und ausgezehrter Gestalten herausholte und ihn nach Jerusalem zurückbrachte, wo Jeremia mit dem Notdürftigsten versorgt wurde.
So saß der Prophet Jeremia auf den Trümmern der Stadt; er hatte unermüdlich zur Umkehr gerufen, doch Jerusalem hat nicht gewollt.
Jetzt mußte das Land und seine Bewohner diese völlige Vernichtung als Strafe erfahren für ihr verbrecherisches Tun. Weil die Menschen zueinander unbarmherzig waren, schlug ihr unbarmherziges Verhalten auf sie zurück. Sie waren jetzt einem grausamen Feind ausgeliefert, der an ihnen Rache nahm wegen ihrer Rebellion und wegen ihrer Bündnisse, die sie mit Ägypten und untereinander geschlossen hatten.
In Jerusalem wurde von den Neubabyloniern als Kommissar (Statthalter) Gedalja, ein

Bild einer Rekonstrukton von Lachisch.
So mag Jerusalem ausgesehen haben, ehe die Belagerer eine Bresche in die Mauer gebrochen und es eingenommen hatten.

Angehöriger der Familie Schafan, eingesetzt. Jeremia unterstützte ihn. Doch nachdem Gedalja von einer im Lande versteckten Partisanengruppe ermordet worden war, flüchteten diese Leute vor dem Strafgericht der Neubabylonier. Sie schleppten Jeremia auf ihrer Flucht nach Ägypten mit. Dort verliert sich seine Spur.

Der Bericht aus dem 2. Buch der Könige Kapitel 25

Belagerung Jerusalems

(1) Zidkija hatte sich gegen den König von Babel empört. Im neunten Regierungsjahr, am zehnten Tag des zehnten Monats, rückte Nebukadnezzar, der König von Babel, mit seiner ganzen Streitmacht vor Jerusalem und belagerte es. Man errichtete ringsherum einen Belagerungswall.
(2) Bis zum elften Jahr des Königs Zidkija wurde die Stadt belagert.
(3) Am neunten Tag des vierten Monats war in der Stadt die Hungersnot groß geworden, und die Bürger des Landes hatten kein Brot mehr.
(4) Damals wurden Breschen in die Stadtmauer geschlagen. Der König und alle Krieger verließen die Stadt bei Nacht auf dem Weg durch das Tor zwischen den beiden Mauern, das zum königlichen Garten hinausführt, obwohl die Chaldäer rings um die Stadt lagen. Sie schlugen die Richtung nach der Araba ein.
(5) Aber die chaldäischen Truppen setzten dem König nach und holten ihn in den Niederungen von Jericho ein, nachdem alle seine Truppen ihn verlassen und sich zerstreut hatten.
(6) Man ergriff den König und brachte ihn nach Ribla, zum König von Babel, und dieser sprach über ihn das Urteil.
(7) Die Söhne Zidkijas machte man vor dessen Augen nieder. Zidkija ließ er blenden, in Fesseln legen und nach Babel bringen.

Eroberung und Plünderung Jerusalems. Die zweite Deportation

(8) Am siebten Tag des fünften Monats – das ist im neunzehnten Jahr des Königs Nebukadnezzar, des Königs von Babel – rückte Nebusaradan, der Kommandant der Leibwache und Diener des Königs von Babel, in Jerusalem ein
(9) und steckte das Haus des Herrn, den königlichen Palast und alle Häuser Jerusalems in Brand. Jedes große Haus ließ er in Flammen aufgehen.
(10) Auch die Umfassungsmauern Jerusalems rissen die chaldäischen Truppen, die dem Kommandanten der Leibwache unterstanden, nieder.
(11) Den Rest der Bevölkerung, der noch in der Stadt geblieben war sowie alle, die zum König von Babel übergelaufen waren, und den Rest der Handwerker schleppte Nebusaradan, der Kommandant der Leibwache, in die Verbannung.
(12) Nur von den armen Leuten im Land ließ der Kommandant der Leibwache einen Teil als Wein- und Ackerbauern zurück.
(13) Die bronzenen Säulen am Haus des Herrn, die fahrbaren Gestelle und das Eherne Meer beim Haus des Herrn zerschlugen die Chaldäer und nahmen alle Gegenstände aus Bronze mit nach Babel.
(14) Auch die Töpfe, Schaufeln, Messer und Becher sowie alle bronzenen Geräte, die man beim Tempeldienst verwendete, nahmen sie weg.
(15) Ebenso nahm der Kommandant der Leibwache die Kohlenpfannen und die Schalen weg, die sämtlich aus Gold oder aus Silber waren,
(16) ferner die zwei Säulen, das eine „Meer“, die Gestelle, die Salomo für das Haus des Herrn hatte anfertigen lassen – die Bronze von all diesen Geräten war nicht zu wägen.
(17) Achtzehn Ellen betrug die Höhe der einen Säule, und oben hatte sie ein Kapitell aus Bronze. Die Höhe des einen Kapitells betrug fünf Ellen; das Kapitell umgaben Flechtwerk und Granatäpfel, alles aus Bronze. Ebenso war es bei der zweiten Säule auf dem Flechtwerk.
(18) Der Kommandant der Leibwache nahm ferner den Oberpriester Seraja, den zweiten Priester Zefanja und die drei Schwellenwächter mit.
(19) Aus der Stadt nahm er einen Hofbeamten, der Kommandant der Soldaten war, und fünf Leute vom persönlichen Dienst des Königs mit, die sich noch in der Stadt befanden sowie den Schreiber des Heerführers, der die Bürger des Landes auszuheben hatte, schließlich sechzig Mann von der Bürgerschaft, die sich noch in der Stadt befanden.

(20) Nebusaradan, der Kommandant der Leibwache, nahm sie fest und schickte sie zum König von Babel nach Ribla.
(21) Der König von Babel ließ sie in Ribla in der Landschaft Hamat hinrichten. So wurde Juda von seiner Heimat weggeführt.

Gedalja, Statthalter von Juda

(22) Über das Volk, das im Land Juda geblieben war und das Nebukadnezzar, der König von Babel, zurückgelassen hatte, setzte er Gedalja, den Sohn Ahikams und Enkel Schafans, als Statthalter ein.
(23) Als nun alle Truppenführer und ihre Mannschaften hörten, daß der König von Babel Gedalja als Statthalter eingesetzt habe, kamen sie zu ihm nach Mizpa. Es waren Jischmael, der Sohn Netanjas, Johanan, der Sohn Kareachs, Seraja, der Sohn Tanhumets aus Netofa, und Jaasanja, der Sohn des Maachatiters, mit ihren Leuten.
(24) Gedalja schwor ihnen und ihren Mannschaften und sagte ihnen: Fürchtet euch nicht vor den chaldäischen Beamten! Bleibt im Land, und dient dem König von Babel; dann wird es euch gutgehen.
(25) Aber im siebten Monat kam Jischmael, der Sohn Netanjas, der Sohn Elischamas, ein Mann aus königlichem Geschlecht, mit zehn Mann. Sie erschlugen Gedalja samt den Judäern und Chaldäern, die bei ihm in Mizpa waren.
(26) Dann machte sich das ganze Volk vom Kleinsten bis zum Größten mit den Truppenführern auf und zog nach Ägypten. Sie fürchteten sich nämlich vor den Chaldäern.

Begnadigung des Königs Jojachin

(27) Im siebenunddreißigsten Jahr nach der Wegführung Jojachins, des Königs von Juda, am siebenundzwanzigsten Tag des zwölften Monats, begnadigte Ewil-Merodach, der König von Babel, im Jahr seines Regierungsantritts Jojachin, den König von Juda, und entließ ihn aus dem Kerker.
(28) Er söhnte sich mit ihm aus und wies ihm seinen Sitz oberhalb des Sitzes der anderen Könige an, die bei ihm in Babel waren.
(29) Er durfte seine Gefängniskleidung ablegen und ständig bei ihm speisen, solange er lebte.
(30) Sein Unterhalt – ein dauernder Unterhalt – wurde ihm von König von Babel in der bestimmten Menge täglich geliefert, solange er lebte.

Die Heilsworte des Propheten Jeremia und seiner Nachfolger

Das Leben des Propheten Jeremia endete für uns im Dunkel der Geschichte. War das Wirken und Verkündigen des Propheten so traurig und hoffnungslos, wie das Schicksal seines Heimatlandes Juda und der Hauptstadt Jerusalem?

Es gab Zeiten im Leben des Propheten, da war Jeremia voll Hoffnung und Zuversicht, daß Gott die verstockten Herzen seiner Landsleute bewegen konnte und sie sich zum Guten hinführen ließen.

In der ersten Zeit, als Jeremia gerade einige Jahre berufen war, setzte er und das ganze Volk im Land Juda seine Hoffnung auf den jahwetreuen König Joschija.

Joschija hatte es verstanden, mit Geschick und politischem Glück große Teile des ehemaligen Nordreichs Israel seinem Reich Juda einzugliedern. Im Jahre 622 v. Chr. machte man bei Erneuerungsarbeiten am Tempel zu Jerusalem eine große Entdekkung. Man fand ein „Gesetzbuch", das der Hohepriester Hilkija sofort dem Staatsschreiber Schafan übergab. Das Buch enthielt die aus den alten ehrwürdigen Traditionen des Jahweglaubens stammende, als Mose-Reden erhaltene Tora (Gottesweisung) mit einer Fassung der Zehn Gebote und einem angeschlossenen Gesetzesteil, dazu eine wertvolle Sammlung von Predigten, die im Sinn des Mose verfaßt waren.

Dieses heute sog. 5. Buch Mose (Deuteronomium) war eine vollständige Darstellung des Jahweglaubens, angefangen mit der Zeit vor der Einwohnung im Lande Kanaan, als die Israeliten sich noch im Süden und Osten von Palästina, d.h. in den Gebieten außerhalb des Landes Kanaan befanden. König Joschija schloß nach den Worten dieses Bundesbuches einen Bund mit Jahwe.

Das Buch stellte eine Vertragsurkunde (Bundesurkunde) dar mit Bestimmungen zwischen Gott, dem König und dem Volk Israel. Damals feierte man nach langer Zeit auch wieder das Paschafest, das viele Jahrhunderte nicht mehr in Israel begangen worden war.

König Joschija war selbst sehr darauf bedacht, daß sein Königreich die Verfassung erhielt, die Jahwe als den obersten Herrscher und als den eigentlichen König seines Volkes (Theokratie) bezeichnete.

Die erste und wichtigste Bestimmung in diesem Bund zwischen Jahwe und dem Volke Israel kennen wir auch aus dem Mund Jesu. Als Jesus einmal von einem Gesetzeslehrer gefragt wurde, welches das wichtigste Gebot im ganzen Gesetz des Mose sei, da antwortete Jesus, indem er den wichtigsten Satz aus dem 5. Buch Mose zitiert.

„Jahwe, unser Gott, Jahwe ist einzig. Darum sollst du den Herrn, deinen Gott, lieben mit ganzem Herzen, mit ganzer Seele und mit ganzer Kraft." (Dtn 6,4f.)

Diese Bindung an Gott in Liebe wurde in Israel und wird heute auch von uns Christen als Bund mit Gott begriffen. Natürlich gehören als Folge der Bindung an Gott auch die Bindung an die Mitmenschen, die Beachtung ihrer Menschenwürde und Menschenrechte, dazu. Der Prophet Jeremia war voller Zuversicht, daß es Israel und dem Gottesvolk unter König Joschija gelingen würde, nach den Weisungen der zehn Gebote zu leben.

Wir können uns kaum vorstellen, wie groß das Entsetzen und die Verzweiflung war, als ausgerechnet König Joschija in der Schlacht von Megiddo 609 v. Chr. gefallen war und sein ganzes Reformwerk durch seinen Tod in Frage gestellt wurde.

Der Prophet Jeremia wußte, daß die Nachfolger des Joschija auf dem Thron Davids nur den Tadel Gottes verdienten. Bald waren die alten verdorbenen Verhältnisse und Zustände wieder eingekehrt.

Umso erstaunlicher ist, daß Jeremia trotz des heranrückenden Unheils, das die Neubabylonier über das Land Juda, über Jerusalem und seine Bewohner bringen würden, die Hoffnung auf eine heilvolle Zukunft seines Volkes nicht verlor.

Als Jeremia schon verhaftet war und im Wachhof sich aufhielt, ließ er seine Verwandten aus Anatot zu sich kommen und

kaufte einen Acker, obwohl jedermann sah: der Feind steht vor den Mauern Jerusalems und es gibt kein Entkommen mehr. Jeremia wußte, daß er diesen Ackerkauf im Auftrag Jahwes tätigte und daß dies ein Zeichen für alle sein sollte, auf Jahwe zu vertrauen. Alle sollten merken, daß Jahwe die Zukunft seines Volkes in der Hand behielt.
Wenn es den Anschein hatte, daß Nebukadnezzar der unumschränkte Herr der Geschichte war und daß die neubabylonische Kriegsmaschine alles niederwalzte, was sich ihr in den Weg stellte, so verkündete Jeremia zwar, daß Nebukadnezzar für jetzt das Strafwerkzeug Jahwes ist und daß man sich nur retten kann, wenn man sich ausliefert.
Aber Jeremia sagte auch gleichzeitig, daß Nebukadnezzar und das neubabylonische Reich zur gegebenen Zeit verschwinden werden. Gott hat eine ganz andere Zukunft vor. Tatsächlich wurde die Herrschaft der Neubabylonier einige Jahrzehnte später durch die Meder und Perser beendet. Der Perserkönig Kyros wurde, wie ein anderer, namentlich unbekannter Prophet (Deuterojesaja) verkündete, zum neuen Werkzeug Gottes.
König Kyros beendete die Verbannung der Juden in Babylon und ließ sie im Jahre 538 v. Chr. nach Jerusalem heimkehren.
Für Jeremia waren die glücklichen Zeitumstände unter König Joschija und seinem Volk, als sich jedermann bemühte, mit Jahwe im Bund zu leben, bald fragwürdig geworden. Konnte jemals ein Volk, ja konnten die Menschen überhaupt von sich aus den Bund mit Jahwe einhalten, so wie es von altersher Mose mit den Israeliten am Sinai begonnen hatte?
Waren nicht gerade die schrecklichen Zeiten nach dem Tod des Königs Joschija und die Ereignisse bis zum Untergang der Stadt Jerusalem ein Beweis dafür, daß die Menschen nicht nach Recht und Gerechtigkeit leben wollten und vielleicht gar nicht konnten?

In diesen dunklen Stunden, die für den Propheten Jeremia voll Verzweiflung gewesen sein müssen, gewährte Gott ihm einen Trost.
Jahwe ließ Jeremia und seine Nachfolger im Jahweglauben eine Prophezeiung erfahren, über die wir heute noch so glücklich sein können wie die Menschen damals, denen sie zum ersten Mal verkündet wurde.
Diese wohl wichtigste Verkündigung des Jeremia und seiner Anhänger ist die Prophetie vom Neuen Bund, den Gott in zukünftigen Tagen mit seinem Volk schließen wird.

Der Neue Bund Jer 31,31-34

(31) „Seht, es werden Tage kommen – Spruch des Herrn – in denen ich mit dem Haus Israel und dem Haus Juda einen Bund schließen werde,
(32) nicht wie der Bund war, den ich mit ihren Vätern geschlossen habe, als ich sie bei der Hand nahm, um sie aus Ägypten herauszuführen. Diesen meinen Bund haben sie gebrochen, obwohl ich ihr Gebieter war – Spruch des Herrn.
(33) Denn das wird der Bund sein, den ich nach diesen Tagen mit dem Haus Israel schließe – Spruch des Herrn: Ich lege mein Gesetz in sie hinein und schreibe es auf ihr Herz. Ich werde ihr Gott sein, und sie werden mein Volk sein.
(34) Keiner wird mehr den anderen belehren, man wird nicht zueinander sagen: Erkennt den Herrn!, sondern sie alle, klein und groß, werden mich erkennen – Spruch des Herrn. Denn ich verzeihe ihnen die Schuld, an ihre Sünden denke ich nicht mehr."

600 Jahre später sollte diese Prophezeiung wahr werden:
Jesus Christus verkündet den **Neuen Bund** in seinem Blut, und in jeder hl. Messe, der Eucharistiefeier der Kirche, wird dieser Bund vergegenwärtigt.

DER PROPHET DEUTEROJESAJA

Zur Einführung

Die Prophetie Deuterojesajas ist die Botschaft eines namentlich unbekannt gebliebenen Juden, der dem nach Babylon verschleppten Volk Israel angehört. Daß sich der Jahwe-Glaube durch die Katastrophe der Zerstörung Jerusalems im Jahre 586 v. Chr. und die Deportation der führenden Schichten des Südreiches Juda hindurch gerettet hat, davon geben die 16 Kapitel (Jes 40-55) des zweiten Teils des Jesaja-Buchs der Bibel, die im wesentlichen in den Jahren 555 bis 540 v. Chr. in Babylonien entstanden, hoffnungsvolle Kunde. Es ist nicht so geblieben, wie es den Anschein hatte, daß die siegreichen Neubabylonier und ihre Götter überlebten, sondern der Gott Israels erweist sich schließlich als der wahre Herr der Geschichte und als der wahre Schöpfer des Himmels und der Erde. Die für wirksam gehaltenen Schicksalsmächte, die Gestirnsgottheiten und die Naturkräfte, sind nichts weiter als geschaffene Dinge. Sie gehorchen Jahwe, dem einzigen Gott. Außer Gott existiert kein göttliches Wesen.

Diese große Epoche des Monotheismus, die als die „Wende zum Heil" begriffen wird, beginnt zwar in einem unscheinbaren Häuflein von Verschleppten aus dem Jahwevolk, doch weitet sich die Zielsetzung der prophetischen Botschaft über das eigene Volk, dessen Heimkehr und Wiederherstellung hinaus auf die ganze Welt. Gottes „Rechtsordnung" und „Lebensweisung" werden zur neuen Sozialordnung und zur Weltfriedensordnung.

In unserem Bewußtsein widerhallt öfter noch die Unheilsbotschaft der vorexilischen Propheten; ihre Anklage etwa der gesellschaftlichen Mißstände kann kaum treffender damals wie heute auf die Verzerrungen des sozialen Lebens angewendet werden. Dagegen scheint ein Heils- und Hoffnungsprophet wie Deuterojesaja wenig zu wiegen! Und doch wird gerade in der Offenbarung des die Menschen vom Wahn ihrer Götzenanbetung heilenden Gottes, des einzigen Gottes, das Neue des Evangeliums enthüllt und erfahrbar. Dem Menschen wird nur Heil, wenn er seines Gottes, seines „Heilands", ansichtig wird. Wie dies auf scheinbar ganz ungöttliche Weise geschieht, bezeugt der „Gottesknecht" (Jes 42,1-4; 49, 1-6; 50,4-9; 52,13-53,12).

Die neutestamentliche Botschaft von Jesus Christus bliebe ohne das Schicksal des Gottesknechts unverständlich.

Die nachfolgenden Ausführungen verstehen sich als Hinführung zu den deuterojesajanischen Prophetien selbst. Diese sind in poetischer Sprache verfaßt und nicht leicht zu lesen bzw. zu verstehen, da jeglicher Hintergrund, die Anlässe und das Schicksal der erstmals vorgetragenen Botschaft erschlossen werden müssen. Soweit ein zeitgeschichtlicher Rahmen und wichtige Illustrationen die deuterojesajanische Botschaft erhellen können, wurden sie eingefügt. Wenn Deuterojesaja wie übrigens auch Jesaja nicht eigens in den Lehrplänen als „Lernstoff" aufgeführt sind, dann versteht sich von selbst, daß diese großen Offenbarungsträger im Religionsunterricht nicht übergangen werden können.

Der letzte politische Aufstieg des Südreichs Juda und sein Untergang

Der durch die Gerichtspredigt der Propheten angekündigte Untergang des Volkes Israel war nur für den Teil der Nation, der in der Mitte und im Norden Palästinas lebte, eingetroffen. Die Assyrer hatten im Jahr 722 v. Chr. dem Staat Israel mit der Hauptstadt Samaria ein Ende gemacht, die Bevölkerung nach Assyrien verschleppt und fremde Volksgruppen im Land Israel angesiedelt. Dem im Süden Palästinas, in Juda lebenden Rest des Volkes Israel blieb kaum mehr als die Hoffnung, daß das Land Zebulon und das Gebiet der Heiden (Jes 8,23), das jetzt in Verachtung darniederlag, einst ein großes Licht sähe, und daß die im Finstern Sitzenden die Helle der Befreiung erlebten.

Wirklichkeit war diese prophetische Heilsbotschaft bis jetzt keineswegs. Sie blieb eine Hoffnung.

Fast eineinhalb Jahrhunderte länger überstand das Südreich Juda alle Bedrohungen, die sich aus den politischen Spannungen zwischen den Großmächten Ägypten im Westen und Assyrien im Osten ergaben.

Die Bündnispolitik der Könige in der Davidischen Erbfolge konnte durch Unterwerfung und Tributzahlungen die Katastrophe der Eroberung Jerusalems und der Aufhebung des Staates Juda zwar verhindern, aber sicher und garantiert war dieses Überleben nicht. Hellsichtige Leute wie die Propheten erkannten sehr wohl, daß das politische Schicksal einer kleinen Nation, des Volkes Israel, zwischen den Großmächten vom politischen Zufall der Geschichte abhing. Trotzdem verwarfen sie das Bemühen, alle Kraft auf die Bündnispolitik zu verwenden. Die Propheten sahen den Untergang kommen, weil die wahre Ursache der Katastrophe der Niedergang von Recht und Gerechtigkeit war und damit ein freiheitliches Leben der Menschen im Jahwe-Volk unmöglich geworden war.

König Joschija von Juda (640-609 v. Chr.) nutzte die Gunst der Stunde, als die Großmächte wieder einmal durch ihre innenpolitischen Schwierigkeiten in ihrem außenpolitischen Tatendrang gebremst waren, das Südreich Juda mit der Hauptstadt Jerusalem kräftig nach Norden und zur Mittelmeerküste hin zu erweitern. Noch bedeutender als diese militärische Expansionspolitik war Joschijas innenpolitische Reform.

Das Buch Deuteronomium (vgl. 2 Kön 22f.) sollte das Reformprogramm abgeben, um modern gesprochen Staat und Gesellschaft einer sittlichen Erneuerung zuzuführen. Nachweislich ist diese „biblische Reformation" auf dem Fundament eines freiheitlichen, gleichheitlichen und brüderlichen, d.h. solidarischen Zusammenlebens aufgebaut.

Natürlich muß man aus der Rückschau nüchtern die Frage stellen, inwieweit dieses Programm realisierbar war und tatsächlich auch durchgeführt wurde.

Wie so oft in der Geschichte, überrollten die Ereignisse die guten und lebensfähigen Ansätze der Reform. Der Untergang des assyrischen Großreiches und der Aufstieg der neubabylonischen Weltmacht unter Nabopolassar ließ die Großmacht im Westen nicht ruhen. Pharao Necho II. suchte seinen politischen Einfluß auf die „Pufferstaaten" der palästinensischen Landbrücke und der assyrischen Provinzen im Raum des ehemaligen Syriens zu behalten, jedenfalls wollte Ägypten nicht einer neuen Großmacht das Feld überlassen und das mühsam gewonnene Gleichgewicht der Kräfte aufgeben.

König Joschija warf sich dem durchziehenden ägyptischen Heer entgegen. In der Jesreel-Ebene bei Megiddo verlor er 609 v. Chr. die Schlacht und sein Leben. Der Tod des Reform-Königs war nicht nur das Ende eines großen Vorhabens, sondern beschleunigte auch den Untergang des Südreichs Juda. Noch für einige Jahre regierte in Jerusalem ein vom Pharao eingesetzter König namens Jojakim (Eljakim), – den unmittelbaren Nachfolger von Joschija, Joachaz, hatte Necho nach wenigen Monaten Regierungszeit abgesetzt und nach Ägypten mitgenommen.

Doch die Entscheidungsschlacht um den

Einfluß im Erbe des untergegangenen Assyriens hatte der Kronprinz Nebukadnezzar von Babylon 605 v. Chr. bei Karkemisch, im Gebiet des oberen Euphrat gegen Ägypten gewonnen. Nebukadnezzar war es auch, der nach anfänglichen Schwierigkeiten seine Nachfolge auf dem Thron in Babylon sicherte und alsbald in Syrien und Palästina erschien, um den aufrührerischen Kleinstaaten, darunter das Südreich Juda, harten Tribut aufzuerlegen. 597 v. Chr. setzte er den erst wenige Monate regierenden Nachfolger des judäischen Königs Jojakim namens Jojachin ab und brachte ihn zusammen mit der Königsmutter und einer großen Anzahl von Leuten aus der Führungsschicht von Jerusalem nach Babylon. Der Onkel Jojachins, Zidkija, wurde von Nebukadnezzar zum König in Jerusalem eingesetzt. Zidkija sollte der letzte König im Volk Israel werden und wie der Prophet Jeremia im Jahre 586 v. Chr. die Zerstörung des Tempels und der Stadt Jerusalem durch die Neubabylonier als Augenzeuge erleben.

Freilich hatten beide Männer auf ihre Art diese Katastrophe zu verhindern versucht: der König und seine Generale mit Durchhalteparolen und Widerstand bis zum Letzten, der Prophet durch Fügung ins Unabänderliche und in die Kapitulation. König Zidkija hatte ein besonders grausames Schicksal beim Fall Jerusalems zu erleiden. In den Gefangenenzug nach Babylon kam er erst, nachdem Nebukadnezzar vor Zidkijas Augen die Söhne des Königs hatte töten und dann Zidkija selbst blenden lassen. Die Verschleppung der Bevölkerung Jerusalems und der umliegenden Städte, die zusammen mit der Hauptstadt noch den Rumpfstaat Juda gebildet hatten, war nicht nur der politische Untergang der Nation. Viel schwerer als der nationale Ruin kam den nach Babylon deportierten Israeliten der Verlust ihres Landes. Unter einer Besatzungsmacht zu leben, war öfter das Schicksal der Kleinstaaten. Die letzten Könige in Jerusalem hatten viele Male sich einem Oberherren in Gestalt des assyrischen Großkönigs oder des Pharaos beugen müssen: doch blieb den Israeliten die Heimaterde immer noch als der Boden, von dem aus ihr Gott Jahwe im Gebet und Opfer angegangen werden konnte. Mochte Jahwe zürnen und Züchtigungen schicken, am Tempel, Jahwes heiligem Wohnplatz unter den Menschen, war grundsätzlich die Versöhnung und das von Gott kommende Heil zu erlangen. Gewiß nicht auf eine veräußerlichte Weise – darauf haben die Gerichtspropheten den Finger gelegt (vgl. z.B. Am 5,21-24) –, doch war von den Propheten der Gottesdienst in Israel nicht grundsätzlich verworfen worden; wenn der rechte „Menschendienst" vorausging, besser Hand in Hand ging (vgl. Hos 6,6; Mt 5,23f.), nahm Jahwe das Gebet und die Opfer der Menschen durchaus an. Auf fremden Boden konnten nach gemeinorientalischer Auffassung der eigenen Gottheit aber kein Gebet und besonders kein Opfer dargebracht werden. Schon David klagt, als er von Saul verfolgt wird und später ins Gebiet der Philister ausweichen mußte, daß er Jahwe „außerhalb des Erbbesitzes Jahwes" nicht verehren und um Schutz und Hilfe angehen kann (1 Sam 26,19).

War es nicht so, daß die Sieger die Statuen ihrer Götter in den Tempeln der besiegten Stadt aufstellten zum Zeichen dafür, daß der Gott des besiegten Volkes auch seine Herrschaft über das besiegte Land verloren hatte?

Wurden schließlich die Menschen aus ihrem Heimatland verschleppt oder vertrieben, so wie im Fall der Deportation der Israeliten nach Assyrien oder Babylon, geriet die Überzeugung der Jahwe-Gläubigen ins Wanken, und sie mußten sich fragen, ob Jahwe überhaupt noch Schutz und Heil gewährt, ob nicht vielmehr tatsächlich seine Ohnmacht angesichts der mächtigen und siegreichen Götter Babylons zu erkennen war.

Selbst wenn es für einen Jahwe-Gläubigen auch noch sicher war, daß die Galut, die Vertreibung nach Babylon, die gerechte von Jahwe verhängte Strafe war, dann wog umso schwerer, daß Jahwe sich seinem Volk nicht mehr gnädig erweisen wollte. Man kann im Hinblick auf die Sachlage zweifellos von einem „geistigen Vakuum" sprechen, das anscheinend zur Zeit der erlittenen Deportation des Volkes Israel im Jahwe-Glauben eintrat. Es ist so gut wie sicher, daß den Israeliten im Babylonischen Exil als Volksgruppe zu überleben erlaubt war, ja daß sie dies mit Wissen und Willen ihrer „Zwing-

Babylon
Rekonstruktion der Prozessionsstraße mit dem Blick auf das Ischtar-Tor (heute in Teilen wiederaufgebaut im Berliner Museum), die Innenstadt und die 90 m hohe Zikkurrat (Stufenturm) von Babylon, das Heiligtum „Etemenanki“ (= das Haus des Fundaments von Himmel und Erde).

herren“ taten, ganz anders als die Israeliten des Nordreiches knapp 150 Jahre zuvor in Assyrien. Doch sollten die Israeliten auch als Jahwe-Volk überleben?
Psalm 137

(1) An den Strömen von Babel, da saßen wir und weinten, wenn wir an Zion dachten.
(2) Wir hängten unsere Harfen an die Weiden in jenem Land.
(3) Dort verlangten von uns die Zwingherren Lieder, unsere Peiniger forderten Jubel: „Singt uns Lieder vom Zion!“
(4) Wie könnten wir singen die Lieder des Herrn, fern, auf fremder Erde?
(5) Wenn ich dich je vergesse, Jerusalem, dann soll mir die rechte Hand verdorren.
(6) Die Zunge soll mir am Gaumen kleben, wenn ich an dich nicht mehr denke, wenn ich Jerusalem nicht zu meiner höchsten Freude erhebe.
(7) Herr, vergiß den Söhnen Edoms nicht den Tag von Jerusalem; sie sagten: „Reiß nieder, bis auf den Grund reiß es nieder!“
(8) Tochter Babel, du Zerstörerin! Wohl dem, der dir heimzahlt, was du uns getan hast!
(9) Wohl dem, der deine Kinder packt und sie am Felsen zerschmettert!

Die Verzweiflung und Ohnmacht, Jahwe nicht wie es richtig ist verehren zu können, schlägt uns aus diesem Lied der Verbannten überdeutlich entgegen. Die Aufforderung der Zwingherren, Lieder vom Sion „im fremden Land“ zu singen, erscheint wie ein Hohn. Könnte Jahwe diese Lieder in Babylon hören oder sind nicht vielmehr die babylonischen Götter als Empfänger der Loblieder gedacht? – dies käme in der Tat den jahwegläubigen Israeliten nicht über die Lippen.

Die Wende zum Heil

Es muß dennoch in den babylonischen Gruppen der verbannten Israeliten wenigstens zeitweilig schwache Funken und aufglimmende Hoffnung eines Jahwe-Glaubens gegeben haben. Es kann gar nicht anders gewesen sein, als daß bei bestimmten religiösen Zusammenkünften oder nach Art von Flugschriften sich der Jahwe-Glaube erneut die Bahn brach und zum Ausbruch kam – wider alle Erfahrung, Skepsis und Resignation. Der Jahwe-Prophet, dessen Namen und Herkunft nicht überliefert ist, und den wir Deuterojesaja, „zweiter Jesaja" nennen,* hat in zahlreichen Botschaften an die Verbannten in Babylon, inmitten derer er lebt, mit immer neuen Worten nur das eine auszurichten: die Wende zum Heil.

(8) Du mein Knecht Israel, du, Jakob, den ich erwählte, Nachkomme meines Freundes Abraham:
(9) Ich habe dich von den Enden der Erde geholt, aus ihren äußersten Winkeln habe ich dich gerufen. Ich habe zur dir gesagt: Du bist mein Knecht, ich habe dich erwählt, und dich nicht verschmäht.
(10) Fürchte dich nicht, denn ich bin mit dir, hab keine Angst, denn ich bin dein Gott. Ich helfe dir, ja, ich mache dich stark, ja, ich halte dich mit meiner hilfreichen Rechten.
(11) Schmach und Schande kommt über alle, die sich über dich erhitzen. Die Männer, die mit dir streiten, werden zunichte und gehen zugrunde.
(12) Du wirst sie suchen, aber nicht mehr finden, die Männer, die mit dir zanken. Sie werden zunichte und finden ihr Ende, die Männer, die dich bekriegen.
(13) Denn ich bin der Herr, dein Gott, der deine rechte Hand ergreift und der zu dir sagt: Fürchte dich nicht, ich werde dir helfen. (Jes 41,8-13)

In diesem Heilswort (Heilsorakel)** ist es vor allem der Beruhigungsruf „Fürchte dich nicht!" und seine entscheidende Begründung, was aufhorchen läßt: Jahwe sichert seinem Volk zu, daß er *mit* ihm ist. Das aber heißt, daß Jahwe Israel doch nicht verlassen hat. Es gilt noch immer – auch wenn alle Erfahrung dagegen zu sprechen scheint, – daß mit Abraham, der Freund Gottes genannt wird, auch dessen Nachkommen eingeschlossen sind. In den Nachkommen Abrahams war seinerzeit allen Geschlechtern der Erde die Verheißung zugewendet. Das Erstaunliche scheint sich erst jetzt voll zu bewahrheiten. Nicht nur, daß Israel als „Same" und Nachkommen wieder aufzuleben beginnt; dieses Wiedererstarken Israels hat auch Bedeutung für alle Geschlechter der Erde, d.h. für die übrigen Völker der Welt.

* Die verschrifteten und gesammelten Botschaften des Propheten sind in der Bibel an die Prophetie des „ersten" Jesaja im 8. Jh. v. Chr. angeschlossen.

** Vgl. Jes 41,14-16; 43,1-7; 44,1-5.

Man kann sich im Ernst fragen, was diese Botschaft in die Ohren von Verschleppten und Gefangenen soll. Zudem war Israel andere Töne aus dem Mund seiner Propheten gewohnt, und selbst diejenigen, die das Exil als verdientes Gericht über die Freveltaten ansahen, die Israel an den eigenen Volksgenossen begangen hatte, konnten wohl zunächst nicht so recht erkennen, daß das Wiedererstarken Israels, die Wende zum Heil, auch und gerade die übrigen Völker betreffen mußte.
Es war eine schmerzliche, doch völlig zielsichere Bewegung, die mit der Rettung Israels auch die Völker der Welt erfaßte. Denn schließlich war mit der Botschaft, daß Jahwe Israel auch im Land Babylon retten kann, nichts Geringeres als Jahwes Verfügungsgewalt allüberall auf der Welt bekundet.
Es mag zunächst so erscheinen, als sei das unmittelbare Heil die Befreiung aus der Gefangenschaft, die Heimkehr aus Babylon. Dies wird auch von Deuterojesaja so verkündet. Gott selbst wird das Rettungswerk, die Straße durch die Wüste heim zum Zion nach Jerusalem bewerkstelligen. Aber man darf bei aller plastischen Sprache, bei aller dichterischen Schönheit der Ankündigung des eintreffenden Heils nicht vergessen, daß der Prophet nichts über das „Wie", sondern

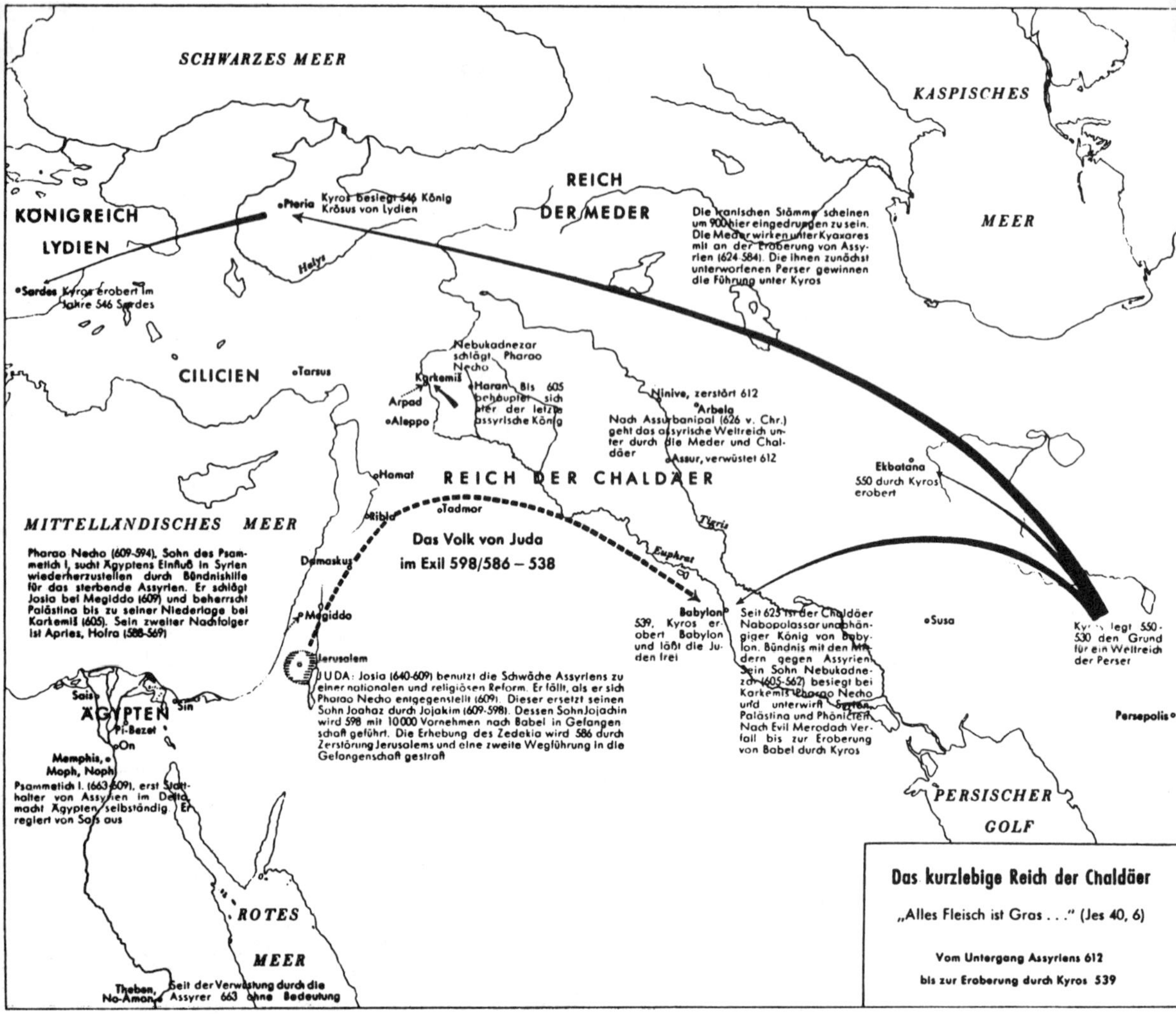

L.H. Grollenberg, Bildatlas zur Bibel, Bertelsmann-Verlag, Gütersloh ²1958, S. 95.

allein über das „Daß“ der Heimkehr prophezeit. Natürlich ist in einer verkürzten Ausdrucksweise insofern doch etwas über das „Wie“ gesagt, als Jahwe selbst die Sache in die Hand genommen hat.

Der wunderbare Auszug aus Babylon (Heilsankündigung)*

(17) Die Elenden und Armen suchen Wasser, doch es ist keines da; ihre Zunge vertrocknet vor Durst. Ich, der Herr, will sie erhören, ich, der Gott Israels, verlasse sie nicht.
(18) Auf den kahlen Hügeln lasse ich Ströme hervorbrechen und Quellen inmitten der Täler. Ich mache die Wüste zum Teich und das ausgetrocknete Land zur Oase.
(19) In der Wüste pflanze ich Zedern, Akazien, Ölbäume und Myrten. In der Steppe setze ich Zypressen, Platanen und auch Eschen.
(20) Dann werden alle sehen und erkennen, begreifen und verstehen, daß die Hand des Herrn das alles gemacht hat, daß der Heilige Israels es erschaffen hat. (Jes 41,17-20)

* Vgl. Jes 42,14-17; 18-25; 43,16-21.

Der Perserkönig Kyrus – Jahwes Hirte

Die in den Heilsorakeln und in den Heilsankündigungen Deuterojesajas nicht zu entdeckenden Vorgänge, die einigermaßen realistisch zeigen, wie das Heil für Israel ins Werk gesetzt werden soll, liegen im sog. Kyrus-Orakel und in den sog. Kyrus-Liedern des Deuterojesaja am Tag. Dazu ist im voraus folgendes zu bemerken. Gewiß haben die Umstürze und die Eroberungen des Kyrus von Anschan, der ehemals Vasall des Königs Astyages von Medien war, für genügend Aufregung in der ganzen damals bewohnten Welt gesorgt. Der unaufhaltsame Siegeszug, der Kyrus mit der Einnahme des Mederreiches und Lydiens, des sagenhaften Reiches des Krösus gelang, hatte so manche kühne Hoffnung auf Befreiung bei den unterdrückten Volksstämmen im ganzen Vorderen Orient bis hin nach Ägypten und Kusch (Äthiopien) geweckt. Warum sollte nicht die geistige Führungsschicht der deportierten Israeliten, worunter auch der Prophet Deuterojesaja und seine Anhänger zu rechnen sind, „die Nase in den Wind gesteckt haben“ und für sich einiges aus den politischen Bewegungen errechnet haben, zumindest die Freilassung und die Heimkehr nach Jerusalem? Babylonien als Staatsgebilde mit seiner berühmten Hauptstadt Babylon mochte in der Einkreisungspolitik des Kyrus als letztes Bollwerk gelten, das der Welteroberung – sieht man von Ägypten zunächst ab – noch im Weg stand. In der Hauptstadt Babylon hatte zudem ein Zerwürfnis zwischen den Priestern des Stadt- und Staatsgottes Marduk und dem König Nabonid (556-539 v. Chr.) für Unruhe und Unsicherheit gesorgt. So war es auch gekommen, daß beim Ansturm des persischen Heeres die Stadt kampflos die Tore öffnete. Denn die Entscheidungsschlacht zwischen König Nabonid und dem Heer des Kyrus war schon von Belschazzar,* dem babylonischen Mitregenten, verloren worden.

Tonzylinder des Kyrus, 538-529 v. Chr. König von Babylon, der seine kampflose Eroberung Babylons beschreibt. Kyrus stellt fest, daß er die Taten seiner Vorgänger dadurch gutzumachen suchte, daß er Gefangene aus Babylon in ihre Heimatländer zurückschickte.
„Im ersten Jahr des Königs Kyrus von Persien erweckte der Herr, um das Wort zu erfüllen, das er durch Jeremia geredet hatte, den Geist des Kyrus, des Königs von Persien, so daß er überall in seinem ganzen Königreich mündlich und auch schriftlich verkünden ließ: ‚So spricht Kyrus, der König von Persien: Alle Königreiche der Erde hat mir der Herr, der Gott des Himmels gegeben, und er selbst hat mir aufgetragen, ihm zu Jerusalem in Juda ein Haus zu bauen. Wer immer unter euch zu seinem Volke gehört, mit dem sei sein Gott, und er ziehe hinauf nach Jerusalem in Juda und baue das Haus des Herrn, des Gottes Israels. Das ist der Gott, der zu Jerusalem wohnt‘“ (Esra 1,1-3).
Babylon. 536 v. Chr. Gebrannter Ton. 23 cm lang.

Doch sollte man eines nicht vergessen: Von allen diesen letztgenannten Ereignissen war noch nichts geschehen, als Deuterojesaja seine Prophezeiungen über Kyrus machte.

* Belschazzar war nicht der letzte König von Babylon, sondern Kronprinz und Mitregent. Er verlor gegen Gobryas, den persischen Heerführer des Kyrus, die Schlacht bei Opis im August 539 v. Chr. Die im Buch Daniel (Dan 5,1-6) dem Belschazzar zugeschriebene Untat (Versündigung an den heiligen Geräten des Tempels von Jerusalm, die der König zu einem Trinkgelage herbeiholen ließ), ist legendär. Die berühmten Worte des „Menetekels", d.h. des an der Wand erscheinenden, von unsichtbarer Hand aramäisch geschriebenen Orakels lauten: mene = gezählt, tekel = gewogen, upharsin = und zertrennt (vgl. Dan 5,25-28). Der Dichter Heinrich Heine († 1856) hat uns darüber sein Gedicht „Belsazar" hinterlassen.

Ahnte der Prophet, mit welcher neu heraufziehenden Macht die Völker des Vorderen Orients bis hin an das europäische Festland es für Jahrhunderte zu tun bekommen sollten? Ein Hinweis auf die Perserkriege der Griechen, auf die Schlacht bei *Marathon* 490 v. Chr. und bei *Salamis* gegen den Perserkönig Darius bzw. Xerxes (480 v. Chr.) dürfte genügen. Man muß hinter der Botschaft des Deuterojesaja mehr suchen als nur einen erstaunlichen politischen Weitblick vom Gesalbten Jahwes (= Kyrus), der Jahwes Willen vollstrecken wird. Zur Erklärung des Kyrus-Phänomens und seiner theologischen Beurteilung kommt nur die Einsicht des Propheten Deuterojesaja in Betracht, daß ein Weltregiment sich nicht mehr auf nationale und lokale Götterherrschaften stützen konnte.
Götter und ihre Herrschaften kamen und gingen mit dem Zerfall der politischen Gebilde – sprich Reiche, die einander ablösten. Über eine solche Vielfalt zu walten erschien nur für eine einzige Schicksalsmacht sinnvoll. Möglicherweise hatte Deuterojesaja diese Einsicht mitbedacht. Erfahren hat er gewiß nicht nur ein weltpolitisches Kalkül, sondern die seinem Bewußtsein sich tief einprägende Wirklichkeit und Allmacht des Gottes Jahwe.

(1) So spricht der Herr zu Kyrus, seinem Gesalbten, den er an der rechten Hand gefaßt hat, um ihm die Völker zu unterwerfen, um Könige zu entwaffnen, um ihm die Türen zu öffnen und kein Tor verschlossen zu halten:
(2) Ich selbst gehe vor dir her und ebne die Berge ein. Ich zertrümmere die bronzenen Tore und zerschlage die eisernen Riegel.
(3) Ich gebe dir verborgene Schätze und Reichtümer, die im Dunkel versteckt sind. So sollst du erkennen, daß ich der Herr bin, der dich bei deinem Namen ruft, ich, Israels Gott.
(4) Um meines Knechtes Jakob willen, um Israels, meines Erwählten, willen habe ich dich bei deinem Namen gerufen; ich habe dir einen Ehrennamen gegeben, ohne daß du mich kanntest. (Jes 45,1-4)

Wie dieses sog. Kyrus-Orakel haben auch eine Reihe anderer Prophezeiungen des Deuterojesaja den Perserkönig Kyrus im Blick: Seinen „Blitzkrieg", bei dem er kaum mit den Füßen den Boden berührt – ein Bild für die Schnelligkeit und Unaufhaltsamkeit der Eroberungen.

(2) Wer hat im Osten den geweckt, dem Gerechtigkeit folgt auf Schritt und Tritt? Wer gibt ihm die Völker preis und unterwirft ihm die Könige?
Sein Schwert macht sie zu Staub, sein Bogen macht sie zu Spreu, die verweht.
(3) Er verfolgt sie, rückt unversehrt vor, berührt kaum mit den Füßen den Weg. (Jes 41,2f.)

Immerhin erwartet Deuterojesaja von Kyrus, den er an anderer Stelle (Jes 44,28) als den Hirten Jahwes erkennt, daß in der Weltordnung des Perserreiches *Gerechtigkeit* waltet. Eine Erwartung des Propheten, daß Kyrus gar den Jahwe-Glauben annimmt, wird man mit dieser Prophezeiung nicht ausgesprochen finden. Wie hätte die unbedeutende Volksgruppe der Juden in Babylon den Großkönig auf sich und ihren Gott aufmerksam machen können! Die Marduk-Priester von Babylon waren die scheinbar größere Wirklichkeit, und wie der Kyrus-Zylinder bezeugt, pries Kyrus den Gott Marduk dafür, daß er ihm die Einnahme der Hauptstadt Babylon ermöglichte. Mit der Erfassung dieser realpolitischen Tatsache ist aber keinesfalls die so nicht eingetroffene Prophezeiung des Jahwe-Propheten Deuterojesaja einfachhin erledigt.
Deuterojesaja durchblickt die politischen Bewegungen auf ihren letzten haltbaren Grund hin. Was er feststellt, kann in seiner

noch heute gültigen Wahrheit von uns erfaßt werden: Regime, politische Herrschaften, kommen und gehen. Das Gesetz ihrer Ablösung ist allen als Prägemerkmal aufgedrückt. Der Krieg zu Gewinnung und Sicherung einer politischen Herrschaft ist auf die Dauer gesehen kein taugliches Instrument. Gewalt ist überall, wo sie aufgezwungene Herrschaft bedeutet, so angelegt, daß sie wiederum Gegengewalt erzeugt, mit deren Hilfe die auferlegte und bestehende Macht abgelöst werden soll. Auch wenn gilt, daß eine einzige Weltmacht die Völker und Nationen wie ein Hirte seine Herde sorgsam lenkt, dann darf doch nicht übersehen werden, daß der Prophet bei dem Gedanken an den Hirten den Ober-Hirten Jahwe nicht übersieht. Nur wenn Kyrus sich als Hirte Jahwes versteht, ist Aussicht, daß die Vision des Jahwe-Propheten ihre Wirkung auch ausübt. Das besagt nicht, daß es damit bei einer bloßen Utopie für alle Zeiten bleiben muß. Wie die sog. Gottesknechtslieder diese Auffassung weiter ausformen, wird noch zu zeigen sein (s.u. S. 119-122).

Grab des Königs Kyrus in Pasargadae, ein gewaltiger, mit kaum ersteigbaren Stufen emporgestellter Sarkophag, dessen Inschrift lautet: „O du, wer du auch seist, und woher du auch kommst – ich bin Kyrus, und ich gewann den Persern ihr Weltreich. Mißgönne mir deshalb nicht dieses Stückchen Erde, das meine Gebeine birgt!“

Jahwe ist der Herr der Geschichte und auch der Schöpfer des Himmels und der Erde

Wir haben uns längst die Auffassung zu eigen gemacht, daß es keine Götter gibt außer Gott. Ebenso sprechen wir unbedenklich die Überzeugung aus, die unermeßlichen Kräfte der uns umgebenden Natur und des Kosmos wenigstens dahin erkannt zu haben, daß sie nichts Selbständiges, Unbegreifliches *an sich* sind; wenn wir ein Geheimnis suchen, dann nicht in den Dingen selbst, sondern im *Grund* aller Dinge, der ganzen Materie und allen Seins. Diesen „Grund" erfaßt der Gottesglaube als den Schöpfer, d.h. Hervorbringer des Himmels und der Erde. Mit Himmel und Erde sind nicht die Erde und das Weltall, sondern alles Existierende überhaupt gemeint.
Aus der Höhe der Erkenntnis im 20. Jh. läßt sich beruhigt auf die vor uns liegenden mehr als 25 Jahrhunderte blicken. Wir verspüren kaum noch etwas von der Aufregung, die es bedeutet, wenn sich wie bei Deuterojesaja die Erkenntnis Bahn bricht, daß die für Götter gehaltenen Mächte in Wirklichkeit keine sind, sonst wüßten sie, wie der Gang der Weltgeschichte geht, sonst könnten sie *die Ereignisse, die kommen,* vorhersehen und vorherbestimmen, – mit einem Wort – sie könnten über die Geschichte der Menschen verfügen. Nur Gott kann das Geschick bestimmen. Jahwe allein reicht von den unergründbaren Anfängen bis in die fernste Zukunft. Das ist die Überzeugung von Deuterojesaja.

(21) Bringt eure Sache vor, spricht der Herr, schafft eure Beweise herbei, spricht Jakobs König.
(22) Sie sollen vorbringen und uns kundtun, was sich ereignen wird. Was bedeutet das Vergangene? Teilt es uns mit, damit auch wir unseren Sinn darauf richten. Oder laßt uns das Zukünftige hören, damit wir das Ende erfahren.
(23) Tut kund, was später noch kommt, damit wir erkennen: Ja, ihr seid Götter. Ja, tut Gutes oder Böses, damit wir alle zusammen es sehen und staunen.
(24) Seht, ihr seid nichts, eurer Tun ist ein Nichts; einen Greuel wählt, wer immer euch wählt.
(25) Ich habe ihn im Norden geweckt, und er kam; im Osten habe ich ihn beim Namen gerufen. Er hat die Fürsten wie Lehm zertreten, wie ein Töpfer den Ton stampft.
(26) Wer hat es kundgetan von Anfang an, so daß wir es wußten? Wer hat es im voraus kundgetan, so daß wir sagen konnten: Es ist richtig? Niemand hat es kundgetan, niemand hat es gemeldet, keiner hörte von euch ein einziges Wort.
(27) Ich habe Zion als erster (gesagt): Sieh her, da ist es!, und habe Jerusalem einen Freudenboten geschickt.
(28) Ich blicke umher, doch niemand war da, keiner von diesen hier konnte mir raten und Antwort geben auf meine Fragen.
(29) Seht her: Sie alle sind nichts, ihr Tun ist ein Nichts; windig und wesenlos sind die Bilder der Götter. (Jes 41,21-29)*

* Vgl. Jes 41,1-4; 43,22-28; 44,6-8; 45,20-25.

Wieviel Kraft gibt dieser Jahwe-Glaube tatsächlich? Scheinbar ist die Herrschaft der Götter Babylons weitaus beeindruckender als die Herrschaft Jahwes. Was die Jahwe-Gläubigen in Babylon erleben, sieht nicht nach Ohnmacht der Götter aus. Im Gegenteil. Alles Sinnen und Trachten der Menschen dort ist auf ihr Glück im Alltagsleben gerichtet. Die Menschen erleben im Rhythmus der Jahreszeiten die Götter am Werk: Die Zeit der Aussaat, des Wachsens und Reifens der Ernte und des Vertrocknens und Vergehens – alles steht unter dem Schutz der Gottheiten. Tammuz, der Fruchtbarkeitsgott, gewährt nicht nur günstige Witterung und Ernte, er ist gemäß dem Glauben der Babylonier die Vegetation selbst. Alljährlich erwacht er aus der starren und toten Erde, wenn alle Pflanzen sprießen, alle Tiere sich begatten und vermehren und auch die Menschen Nachkommen zeugen und ihre Fruchtbarkeit entfalten. Dieses ganze wunderbare Aufleben der Natur feiern die Babylonier in einem viele Tage an-

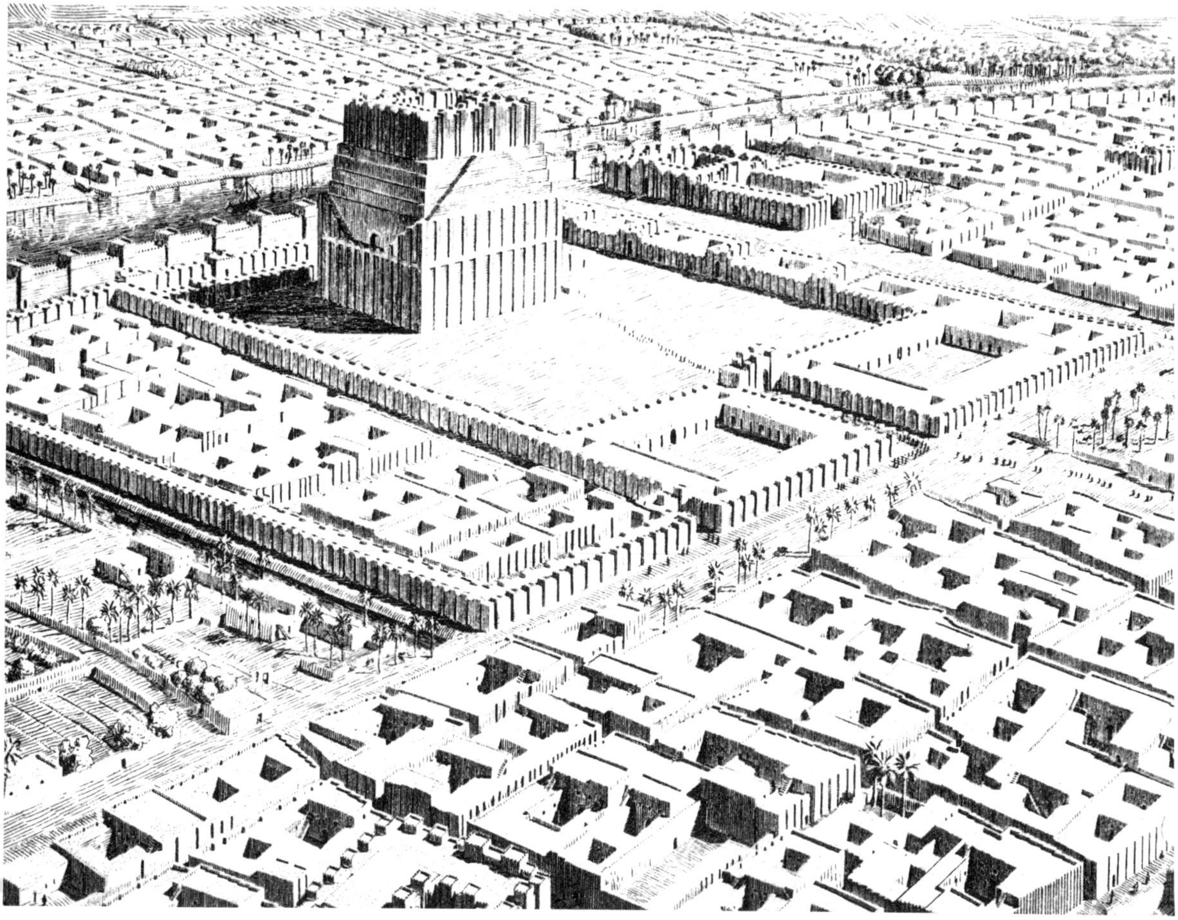

Babylon: Gesamtblick auf die Innenstadt

dauernden Neujahrsfest. Um des Segens auch ganz sicher zu sein, wird er in heiligen Riten von magischer Kraft beschworen. Da wird am Tempel die Heilige Hochzeit begangen. Der König vereinigt sich mit der Liebes- und Fruchtbarkeitsgöttin Inanna/Ischtar, bzw. ihrer Priesterin im heiligen Gemach des Tempels. Vorauf geht in Mesopotamien (Zweistromland) ein alljährliches Thronbesteigungsfest. Der König legt seine Staatskleider ab und wird symbolisch erniedrigt. Dann besteigt er erneut seinen Thron und hält heilige Hochzeit. Die heilige Hochzeit wird im Volk nachgeahmt.
Dieses Geschehen übt zweifellos große Faszination auf die in Babylonien im Exil lebenden Israeliten aus. Hier war eine Gotteserfahrung im buchstäblichen Sinn zum Anfassen ausgebreitet. Doch der Jahwe-Glaube unterschied schärfstens zwischen der Verehrung der Natur und der Verehrung von Jahwe selbst. Die Natur ist nicht göttlich, sie kann nicht verehrt werden.
Wie steht es mit den Gestirnen, den anderen großen Schicksalsmächten, die das Volk der Babylonier wie kaum ein anderes Volk der Erde erforscht und gekannt hat? Schamasch, der große Sonnengott, der Mondgott Sin und die Sterne im sog. Tierkreis und die Planeten? Noch heutzutage drucken alle Illustrierten und Wochenblätter die Horoskope – eine die Menschheit also bis zur Stunde begleitende Errungenschaft der Babylonier.
Der Prophet Deuterojesaja läßt die Jahwe-Gläubigen nicht im Ungewissen über die vermeintlichen Schicksalsmächte.
Das staunenerregende Himmelsdrama,

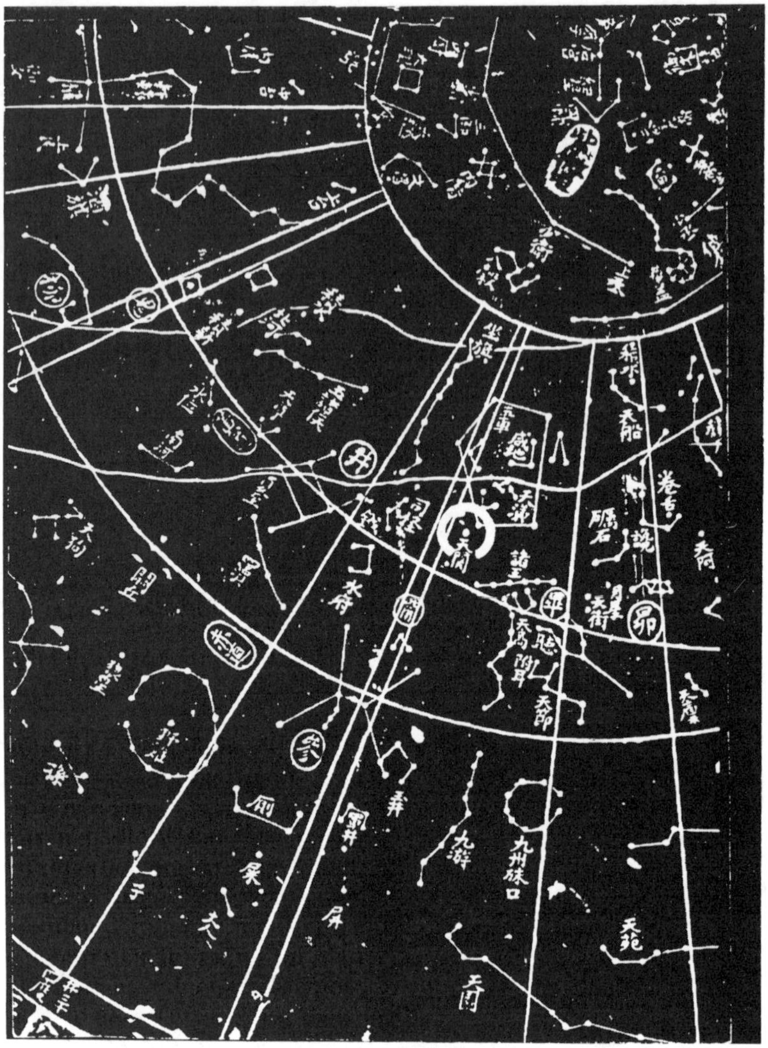

Chinesische Himmelskartographie
Wie die chinesischen Astrologen in den Jahrhunderten nach Christi Geburt, so haben die babylonischen Astrologen in den Jahrhunderten vor Christi Geburt den Himmel erforscht. Astrologie (= Sternenkunde) ist zur damaligen Zeit eine angesehene Wissenschaft, wie heute die Astronomie.

wenn allabendlich der Mond und die Sterne aufziehen und allmorgendlich die Sonne aufgeht, dieses Geschehen verläuft nach dem Willen Jahwes, denn er hat es gemacht. Ihm gehorchen die von den Menschen verehrten Schicksalsmächte auf einen bloßen Wink hin. Wie zum Appell angetreten, läßt Gott dieses Himmelsheer aufmarschieren, keiner wagt es zu fehlen.

(25) Mit wem wollt ihr mich vergleichen? Wem sollte ich ähnlich sein?, spricht der Heilige.
(26) Hebt eure Augen in die Höhe, und seht: Wer hat die (Sterne) dort oben erschaffen? Er ist es, der ihr Heer täglich zählt und heraufführt, der sie alle beim Namen ruft. Vor dem Allgewaltigen und Mächtigen wagt keiner zu fehlen. (Jes 40,25f.)

Gott, der einzige

Mit unaufhaltsamer Gewißheit ist in der Botschaft des Deuterojesaja die Erfahrung durchgebrochen, daß in der Geschichte der Menschen alle nationalen Schutzgötter nicht die Mächte und Kräfte sind, für die sie angesehen wurden. Hinter ihnen stand eine viel geheimnisvollere, einzige Macht. Wenn aber die dauernde Verschiebung, das Wohl und Wehe der Machtverhältnisse in der Geschichte der Menschen auf eine einzige Schicksalsmacht zurückgeführt werden muß, dann haben auch alle angenommenen Einflüsse der sog. außerirdischen Mächte kein wahres und wirkliches Sein. Sie sind außerhalb der menschlichen Einbildungskraft nicht existent. Diese Feststellung bedeutet freilich nicht, wie wir nur zu gut wissen, daß der Gestirnsglaube und die Annahme von dunkel waltenden Schicksalsmächten keinen Einfluß auf das Leben der Menschen hätten. Die Heils-Prophetie des Deuterojesaja ist besonders auch in diese dunklen Räume menschlichen Aberglaubens mit ihrem befreienden hellen Licht eingedrungen: es gibt keine unabänderlichen Schicksalsmächte; Glück und Gunst der Stunde wie auch das Unglück sind nicht Himmelskörpern verdankt, sondern einzig und allein dem waltenden Gott.

(5) Ich bin der Herr, und sonst niemand; außer mir gibt es keinen Gott. Ich habe dir (= gemeint ist Kyrus) den Gürtel angelegt, ohne daß du mich kanntest,
(6) damit man vom Aufgang der Sonne bis zu ihrem Untergang erkennt, daß es außer mir keinen Gott gibt. Ich bin der Herr, und sonst niemand.
(7) Ich erschaffe das Licht und mache das Dunkel, ich bewirke das Heil und erschaffe das Unheil. Ich bin der Herr, der das alles vollbringt. (Jes 45,5-7)*

Die Versuchung, Dingen eine Kraft zuzuschreiben, die sie nicht besitzen, nennen wir *Aberglauben.* Wenn es sich um die andere Spielart des Aberglaubens, das Anfertigen von Gottesbildern (Götzen) handelt, dann weist uns der Dekalog (Zehngebot) daraufhin, daß jegliche Vergegenständlichung Gottes (Bilderverbot) vom wahren Gott weg in die Irre führt. Gott ist wirklich nur als der einzige, einmalige, unbegreifliche zu erfahren. Jeder Entschluß, an die Stelle Gottes *Ersatze* treten zu lassen, „Abbilder" Gottes, entzieht dem Menschen die heilvolle Verbindung zum wahren Gott. Was die Menschen dann verehren, sind für sie zwar nicht weniger verbindliche Götter wie Macht, Besitz, Karriere, Genuß, Sex usw. Das Verhältnis aber, das solche Götzenanbeter zu ihren „Göttern" unterhalten, ist die sklavische Unterwerfung, nicht eine freiheitliche Beziehung, wie sie allein zu Gott möglicht ist. Der unselige Adolf Hitler, der das Wort von der „Vorsehung", die ihn zum „Führer des Deutschen Volkes" bestimmt habe (Schicksal!), ständig im Mund führte, war seinem Machttrieb sklavisch ergeben. Hitler war sich im klaren darüber, daß er aus Gott/„Vorsehung" einen Götzen machte. Es wäre Hitler niemals in den Sinn gekommen, einen anderen Willen als den seinen anzuerkennen, selbst wenn die „Vorsehung" dies von ihm verlangt hätte. Den im Gewissen eines Menschen sich zeigenden Willen Gottes – Recht und Gerechtigkeit tun – hielt Hitler, wie das Gewissen überhaupt, für eine jüdische Erfindung.

* Vgl. Jes 41,4; 41,26-29; 43,10-13; 44,6-8.

Der Gottesknecht

Tontafel mit babylonischer Weltkarte (frühes 6. Jahrh. v. Chr., angefertigt nach einem älteren Original, 8 od. 9. (?) Jahrh. v. Chr.).

Bei der Niederschrift der Prophetie des Deuterojesaja ist an vier Stellen ein ehemals wohl zusammenhängender „Situationsbericht“ oder „Erfahrungsbericht“ eingefügt worden. Wie ist der „Erfahrungsbericht“ über den Auftrag des Propheten und über das Schicksal seiner Botschaft zu verstehen?

Zunächst muß der für moderne Leser und Hörer der Botschaft des Deuterojesaja ungewöhnliche Begriff Knecht Jahwes, Knecht Gottes, so aufgefaßt werden, daß Knecht, hebr. Ebed, nichts Untergeordnetes bedeutet, sondern „Knecht“ ist in der Bibel ein Vorzugsname, dem man das „Dienen“ nicht mehr anhört. So wie heute beim Wort „Minister“ niemand an einen Knecht, sondern an einen Hochgestellten, einen Mann mit großer Verantwortung denkt. Mit den Wörtern „Knecht“, „mein Knecht“, „Knecht Jahwes“ sind wechselweise der Prophet Deuterojesaja oder das Volk Israel gemeint. Im Rat der Himmlischen – so ist die Szene vorgestellt – erfährt der Prophet Deuterojesaja als in die göttliche Beschlußfassung einbezogener Teilnehmer seine Beauftragung.

(1) Seht, das ist mein Knecht, den ich stütze;
das ist mein Erwählter, an ihm finde ich
Gefallen. Ich habe meinen Geist auf ihn
gelegt, er bringt den Völkern das Recht.
(2) Er schreit nicht und lärmt nicht und läßt
seine Stimme nicht auf der Straße erschallen.
(3) Das geknickte Rohr zerbricht er nicht,
und den glimmenden Docht löscht er nicht
aus; ja, er bringt wirklich das Recht.
(4) Er wird nicht müde und bricht nicht
zusammen, bis er auf der Erde das Recht
begründet hat. Auf sein Gesetz warten die
Inseln. (Jes 42,1-4)

Die Botschaft ist in der Tat weltweit gemeint: Der göttliche Willensentschluß ist nicht nur dem Jahwevolk, sondern der ganzen Erde und den Inseln zu bringen, – womit noch die fernsten vom Meer umspülten Teile der Erde gemeint sind. Auf die vom Propheten zu überbringende Gottesweisung, Tora, *warten* die Erde und Inseln.

(1) Hört auf mich, ihr Inseln, merkt auf, ihr
Völker in der Ferne! Der Herr hat mich schon
im Mutterleib berufen; als ich noch im Schoß
meiner Mutter war, hat er meinen Namen
genannt.
(2) Er machte meinen Mund zu einem
scharfen Schwert, er verbarg mich im
Schatten seiner Hand. Er machte mich zum
spitzen Pfeil und steckte mich in seinen
Köcher.
(3) Er sagte zu mir: Du bist mein Knecht,
Israel, an dem ich meine Herrlichkeit zeigen
will.
(4) Ich aber sagte: Vergeblich habe ich mich
bemüht, habe meine Kraft umsonst und
nutzlos vertan. Aber mein Recht liegt beim
Herrn und mein Lohn bei meinem Gott.
(5) Jetzt aber hat der Herr gesprochen, der
mich schon im Mutterleib zu seinem Knecht
gemacht hat, damit ich Jakob zu ihm

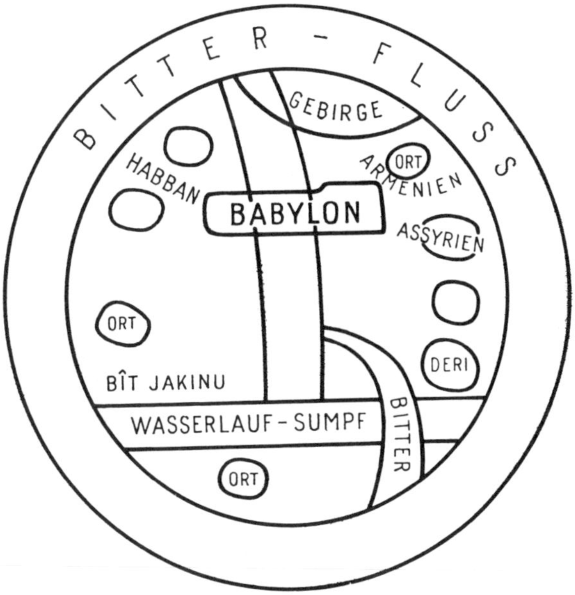

Rekonstruktion der Erdscheibe, die nach NW orientiert ist. Babylon ist als Mittelpunkt gedacht und wird vom Euphrat (Purattu) durchflossen.

heimführe und Israel bei ihm versammle. So
wurde ich in den Augen des Herrn geehrt,
und mein Gott war meine Stärke. (Jes 49,1-5)

In diesem fortgeschrittenen Zustandsbericht über die Predigt des Deuterojesaja ist bereits ein gewisser Mißerfolg, die Skepsis und die Ablehnung der Heilsbotschaft durch die Landsleute des Propheten zu spüren. Deuterojesaja erhält nochmals die ausdrückliche Versicherung, daß seine Heilsbotschaft nicht nur den Stämmen Jakobs gilt:

(6) ... Es ist zuwenig, daß du mein Knecht
bist, nur um die Stämme Jakobs wieder
aufzurichten und die Verschonten Israels
heimzuführen. Ich mache dich zum Licht für
die Völker; damit mein Heil bis an das Ende
der Erde reicht. (Jes 49,6)

Wer die Tragweite der Heilsbotschaft vom allwaltenden Jahwe, dem Herrn der Geschichte und dem Schöpfer der Welt ermißt, wird in diesem Selbstbewußtsein des Propheten nichts anderes als den Erweis und die Stimmigkeit des Anspruchs der Botschaft erkennen. Die Heilsbotschaft Deuterojesajas ist grundsätzlich für alle Welt bestimmt, obwohl und gerade weil sie beim Gottesvolk Israel beginnt. Das Verhältnis Volk Israel/

Albert Birkle, „Verspottung“, 1929.

übrige Völker wird dadurch einsichtig, daß Israel, ebenso wie der Prophet selbst, mehrmals von Gott als sein Knecht bezeichnet wird, z.B. Jes 41,9

(9) … Ich habe zu dir (= Israel) gesagt: Du bist mein Knecht, ich habe dich erwählt und dich nicht verschmäht. (Vgl. Jes 44,1f. u.ö.)

Das stellvertretende Sühneleiden des Gottesknechts

Die Botschaft des Gottesknechts – sei er nun als Einzelperson oder sei er als Gemeinschaftsperson aufgefaßt – wird abgelehnt. Der Knecht Jahwes muß Schläge auf seinen

Rücken hinnehmen; seine Peiniger reißen ihm den Bart aus und spucken ihm ins Gesicht. Dies sind offensichtlich die auch in unseren Tagen noch üblichen Verhör- und Foltermethoden. Man will den Propheten aus dem Weg schaffen. Wo ist nun das scharfe Schwert (= die Botschaft, Jes 49,2) im Mund des Propheten, womit er sich wehren könnte? Macht Deuterojesaja mit einem Unheilswort für seine Gegner endlich seinen Mund auf? Das Gegenteil geschieht: Deuterojesaja verschließt seinen Mund und macht sein Gesicht hart wie einen Kiesel. Trotzdem weiß er, daß er nicht in Schande enden wird. Der Prophet hat seine Sache Gott, seinem Auftraggeber überlassen. Im vierten und letzten Gottesknechtslied, einem Bericht, den seine Glaubensgenossen über ihren getöteten Propheten verfaßt haben, wird uns das unbegreifliche Schicksal Deuterojesajas vor Augen gestellt. Man muß schon aufmerksam auf die Form dieser Prophetie achten, um das Geheimnis dieses „Evangeliums des Alten Testaments" in den Blick zu bekommen. Zunächst und vor aller Schilderung des Leidenswegs des Propheten verlautet eine Gottesrede am Anfang und am Ende des Liedes: Die Vorgänge um den Botschafter Gottes, die Abweisung der Botschaft rühren an göttliche Autorität. Gott läßt es zwar zu, daß sein Knecht von den Menschen scheinbar „erledigt", liquidiert wird, aber darin kommt nur die Ohnmacht der Menschen zum Vorschein. Gottes rettendes Handeln unterläuft nicht nur die Ermordung seines Propheten. Indem Gott seinen Propheten, „nachdem dieser soviel ertrug" und starb, wieder „das Licht erblikken läßt", geschieht wirklich Gottes Heils- und Gnadenzufluß. Das Rettungshandeln Gottes bewirkt auch, daß die „Schuld der vielen" durch das Leid des unschuldigen Gottesboten unwirksam wird – gesühnt wird. Bei dem Begriff „gesühnt", „Sühne" ist nicht, wie früher angenommen, an eine Satisfaktion im Sinne einer Genugtuung oder „Bezahlung der Schuld" gedacht, sondern an eine Ablösung. Gott erläßt in einer für uns Menschen stets „unangemessenen" Art unsere Schuld.

(13) Seht, mein Knecht hat Erfolg, er wird groß sein und hoch erhaben.
(14) Viele haben sich über ihn entsetzt, so entstellt sah er aus, nicht mehr wie ein Mensch, seine Gestalt war nicht mehr die eines Menschen.
(15) Jetzt aber setzt er viele Völker in Staunen, Könige müssen vor ihm verstummen. Denn was man ihnen noch nie erzählt hat, das sehen sie nun; was sie niemals hörten, das erfahren sie jetzt.
(1) Wer hat unserer Kunde geglaubt? Der Arm des Herrn – wem wurde er offenbar?
(2) Vor seinen Augen wuchs er auf wie ein junger Sproß, wie ein Wurzeltrieb aus trockenem Boden. Er hatte keine schöne und edle Gestalt, so daß wir ihn anschauen mochten. Er sah nicht so aus, daß wir Gefallen fanden an ihm.
(3) Er wurde verachtet und von den Menschen gemieden, ein Mann voller Schmerzen, mit Krankheit vertraut. Wie einer, vor dem man das Gesicht verhüllt, war er verachtet; wir schätzen ihn nicht.
(4) Aber er hat unsere Krankheit getragen und unsere Schmerzen auf sich geladen. Wir meinten, er sei von Gott geschlagen, von ihm getroffen und gebeugt.
(5) Doch er wurde durchbohrt wegen unserer Verbrechen, wegen unserer Sünden zermalmt. Zu unserem Heil lag die Strafe auf ihm, durch seine Wunden sind wir geheilt.
(6) Wir hatten uns alle verirrt wie Schafe, jeder ging für sich seinen Weg. Doch der Herr lud auf ihn die Schuld von uns allen.
(7) Er wurde mißhandelt und niedergedrückt, aber er tat seinen Mund nicht auf. Wie ein Lamm, das man zum Schlachten führt, und wie ein Schaf angesichts seiner Scherer, so tat auch er seinen Mund nicht auf.
(8) Durch Haft und Gericht wurde er dahingerafft, doch wen kümmert sein Geschick? Er wurde vom Land der Lebenden abgeschnitten und wegen der Verbrechen seines Volkes zu Tode getroffen.
(9) Bei den Ruchlosen gab man ihm sein Grab, bei den Verbrechern seine Ruhestätte, obwohl er kein Unrecht getan hat und kein trügerisches Wort in seinem Mund war.
(10) Doch der Herr fand Gefallen an seinem zerschlagenen (Knecht), er rettete den, der sein Leben als Sühnopfer hingab. Er wird Nachkommen sehen und lange leben. Der Plan des Herrn wird durch ihn gelingen.
(11) Nachdem er so vieles ertrug, erblickte er das Licht. Er sättigt sich an Erkenntnis. Mein

Knecht, der gerechte, macht die vielen gerecht; er lädt ihre Schuld auf sich.
(12) Deshalb gebe ich ihm seinen Anteil unter den Großen, und mit den Mächtigen teilt er die Beute, weil er sein Leben dem Tod preisgab und sich unter die Verbrecher rechnen ließ. (Jes 52,13-53,12)

Wenn man das vierte Gottesknechtslied aufmerksam, Zeile für Zeile durchliest und das Bekenntnis der Wir-Leute in die eigenen Gedanken und ins eigene Herz einläßt, dann wird man zum Ergebnis kommen, daß da Menschen sind, die ihren Irrtum einsehen, reuevoll umkehren und sich zum unbegreiflichen, aber doch heilschaffenden Handeln Gottes bekennen. Das ist eine Einladung an alle einsichtigen und umkehrwilligen Menschen. Wir Menschen werden auf vielfältige Weise schuldig, doch im Zutrauen zu Gott und zu seinen Heilsabsichten werden für die Umkehrbereiten die Folgen der Schuld unwirksam. Das Geschick Jesu, des Gottesboten, der die Frohbotschaft (Evangelium) brachte, daß Gott allen Menschen seine Vergebung bereithält, sahen die frühen Christen im Schicksal des Gottesknechts vorgezeichnet:

(12) Führt unter den Heiden ein rechtschaffenes Leben, damit sie, die euch jetzt als Übeltäter verleumden, durch eure guten Taten zur Einsicht kommen und Gott preisen am Tag der Heimsuchung.
(13) Unterwerft euch um des Herrn willen jeder menschlichen Ordnung: dem Kaiser, weil er über allen steht,
(14) den Statthaltern, weil sie von ihm entsandt sind, um die zu bestrafen, die Böses tun, und die auszuzeichnen, die Gutes tun.
(15) Denn es ist der Wille Gottes, daß ihr durch eure guten Taten die Unwissenheit unverständiger Menschen zum Schweigen bringt.
(16) Handelt als Freie, aber nicht als solche, die die Freiheit als Deckmantel für das Böse nehmen, sondern wie Knechte Gottes.
(17) Erweist allen Menschen Ehre, liebt die Brüder, fürchtet Gott, und ehrt den Kaiser!
(18) Ihr Sklaven, ordnet euch in aller Ehrfurcht euren Herren unter, nicht nur den guten und freundlichen, sondern auch den launenhaften.
(19) Denn es ist eine Gnade, wenn jemand deswegen Kränkungen erträgt und zu Unrecht leidet, weil er sich in seinem Gewissen nach Gott richtet.
(20) Ist es vielleicht etwas Besonderes, wenn ihr wegen einer Verfehlung Schläge erduldet? Wenn ihr aber recht handelt und trotzdem Leiden erduldet, das ist eine Gnade in den Augen Gottes.
(21) Dazu seid ihr berufen worden; denn auch Christus hat für euch gelitten und euch ein Beispiel gegeben, damit ihr seinen Spuren folgt.
(22) Er hat keine Sünde begangen, und in seinem Mund war kein trügerisches Wort.
(23) Er wurde geschmäht, schmähte aber nicht; er litt, drohte aber nicht, sondern überließ seine Sache dem gerechten Richter.
(24) Er hat unsere Sünden mit seinem Leib auf das Holz des Kreuzes getragen, damit wir tot seien für die Sünden und für die Gerechtigkeit leben. Durch seine Wunden seid ihr geheilt.
(25) Denn ihr hattet euch verirrt wie Schafe, jetzt aber seid ihr heimgekehrt zum Hirten und Bischof eurer Seelen. (1 Petr 2,12-25)

Die Völkerwallfahrt nach Jerusalem und die Weltfriedensordnung

Von Anfang an war die Heilsbotschaft Deuterojesajas an das nach Babylon verschleppte Jahwe-Volk auch im Blick auf die Völker ringsum erfolgt. Die Zusicherung und der Trost, daß alle Schuld beglichen ist,

(1) Tröstet, tröstet mein Volk, spricht euer Gott.
(2) Redet Jerusalem zu Herzen und verkündet der Stadt, daß ihr Frondienst zu Ende geht, daß ihre Schuld beglichen ist
(Jes 40,1f.)

muß zusammen gesehen werden mit dem „Recht" (mispat), das der Jawe-Prophet Deuterojesaja wie seinem Volk so nun auch den Völkern bringt.
Was ist mit diesem „Recht" und mit dieser „Weisung" (Jes 42,4) gemeint? Es ist wie in einem Brennpunkt gesammelt die Grundstruktur einer Neuordnung aller Verhältnisse, modern gesprochen einer Weltfriedensordnung oder Sozialordnung gemeint, in der nur noch die Momente Gültigkeit besitzen, die als Fundamente in der gesamten Heilsbotschaft des Deuterojesaja erscheinen: Jahwe, der einzige Gott, ist der Lenker der Weltgeschichte und auch der Schöpfer von Himmel und Erde.
Diese Erfahrungen schlagen sich nieder in einer Hinordnung aller Völker zu eben diesem einzigen Gott.

(14) ... Die Ägypter mit ihren Erträgen, die Kuschiter mit ihrem Gewinn und die großgewachsenen Sebaiter werden zu dir kommen und dir gehören; in Ketten werden sie hinter dir herziehen. Sie werfen sich nieder vor dir und bekennen: Nur bei dir gibt es einen Gott, und sonst gibt es keinen.
(Jes 45,14)

Die neue Ordnung ist nicht traditions- und geschichtslos, sondern sie knüpft an die bisherigen Erweise von Jahwes Heilstaten an, denn das altbekannte Wort „Tora", „Weisung", meint zunächst die Heilserweise Jahwes in der Geschichte und erst von daher die ergangene Weisung im Sinn einer heilsamen Lebensweisung, die Gebote (Tora). Man

Pablo Picasso, „Guernica". Das Bild entstand im Mai/Juni 1937 in Erinnerung an die Bombardierung der baskischen Hauptstadt am 26. April 1937 während des spanischen Bürgerkriegs.

vergleiche die Sinai-Weisung. Der Sinn der Vision des Deuterojesaja, daß nun alle Völker zum Zion nach Jerusalem kommen, liegt darin beschlossen, daß es einfach keine andere heilvolle Wirklichkeit in der Welt gibt als die: Recht und Gerechtigkeit tun, entsprechend dem Gotteswillen.
Wie wir wissen, hat es Jahrhunderte gedauert, bis der Menschheit die Erfahrung zuwuchs, Kriege seien kein taugliches Mittel zur Lösung der Menschheitsprobleme. Ebenso wird es solange keinen Frieden geben, als die Menschenrechte, der soziale Friede und – so muß man hinzufügen – die Gottesachtung (Gottesrechte) unterdrückt sind.
Die Fortführung der Überzeugung, die in der Prophetie von der Völkerwallfahrt zum Zion zum Ausdruck kommt, ist die später wiederholte und vertiefte Vision von der Tora (Weisung), die vom Zion ausgeht. (Mi 4 = Jes 2)

(1) Am Ende der Tage wird es geschehen: Der Berg mit dem Haus des Herrn steht fest gegründet als höchster der Berge; er überragt alle Hügel. Zu ihm strömen die Völker.
(2) Viele Nationen machen sich auf den Weg. Sie sagen: Kommt, wir ziehen hinauf zum Berg des Herrn und zum Haus des Gottes Jakobs. Er zeige uns seine Wege, auf seinen Pfaden wollen wir gehen. Denn von Zion kommt die Weisung, aus Jerusalem kommt das Wort des Herrn.
(3) Er spricht Recht im Streit vieler Völker, er weist mächtige Nationen zurecht (bis in die Ferne). Dann schmieden sie Pflugscharen

Guido Muer, die Stadt auf dem Berg, 1984

aus ihren Schwertern und Winzermesser aus ihren Lanzen. Man zieht nicht mehr das Schwert, Volk gegen Volk, und übt nicht mehr für den Krieg.
(4) Jeder sitzt unter seinem Weinstock und unter seinem Feigenbaum, und niemand schreckt ihn auf. Ja, der Mund des Herrn der Heere hat gesprochen. (Mi 4,1-4 = Jes 2,2-4)

In der Bergpredigt (Mt 5-7) verweist Jesus die Jünger und das Volk auf die „Stadt auf dem Berg" (= Jerusalem) und identifiziert ihre Existenz mit denen, die das „Salz der Erde" und „Licht der Welt" sind:

(13) Ihr seid das Salz der Erde.

...

(14) Ihr seid das Licht der Welt. Eine Stadt, die auf dem Berg liegt, kann nicht verborgen bleiben. (Mt 5,13.14)

Vergleiche auch das himmlische Jerusalem der Offenbarung des Johannes (Offb 21,2.10-14).